優渥叢書

百億行銷通路長教你

每天1改變，做到致富的原子習慣

不甘願當社畜領死薪水，
你也可以用細節讓自己成功！

小黛）◎著

推薦序　讓我變強大的生活導師，我的老媽　006

前言　幫助卡關的你找出核心競爭力，實現富足人生！　008

第1章　沒背景的我，是如何成功的？

改變1　成功不只靠學歷，我就是最好的例子　012

改變2　別再整天抱怨沒機會，先想想自己缺了什麼？　019

改變3　在人生的十字路口，要選能走最遠的路　027

改變4　養成原子習慣，造就一個強大的你　032

第2章　讓有錢人教你，解開窮忙的4個迷思！

改變5　錯誤的金錢觀，會讓你從裡到外都窮　042

CONTENTS

改變6 錢不是束縛，別被它被控制了 049
改變7 買房這件事，你永遠不敢踏出第一步？ 058
改變8 不投資、只投機，小心得不償失 064

第3章 跳出舒適圈，開啟每天一%的進步模式！

改變9 跳出舒適圈，作逆向思考 072
改變10 你的優勢是什麼？找出自己的核心競爭力 083
改變11 管理好自己就成功了一半 090
改變12 你的內心強大嗎？懂得鍛鍊也要懂得紓壓 097
改變13 堅持「一・〇一法則」，沒有進步就是退步 103

第4章

學6個致富原子習慣，趁早畫好「有錢人藍圖」

改變14 致富原子習慣1：接受不平等，養成「正面能量好習慣」 112
改變15 致富原子習慣2：有紀律地維持「吸金好習慣」 117
改變16 致富原子習慣3：趁早畫好「有錢人藍圖」 124
改變17 致富原子習慣4：別成為錢奴，養成「駕馭錢的好習慣」 131
改變18 致富原子習慣5：週週犒賞自己，也能培養「生意鼻」 140
改變19 致富原子習慣6：懂得運用人脈，養成「借力使力好習慣」 144

第5章

我的投資SOP，幫你提早達成財富自由！

改變20 新手別怕投資，從滾一顆小雪球開始 150

CONTENTS

改變21 從小筆交易開始練習，去習慣市場的變化 163

改變22 想賺大錢靠的是方法，第一要選對理財工具 171

改變23 除非你是百米健將，否則絕不跑短線當沖 179

改變24 抓住「危機入市」，才有機會快速創造財富 184

改變25 小黛給新手的5大投資心法 188

改變26 做個斜槓青年，給自己第二份收入的機會 192

結語 沒有一路順遂的人生，能走到最後的才是贏家 201

推薦序

讓我變強大的生活導師，我的老媽

我的老媽——小黛，世界上最棒的媽媽。從我有記憶以來，她總是用鼓勵、正向的態度，教育我和哥哥。我們從小功課只要六十分就過關，不逼我們死讀書，假日陪我們踢足球、疊樂高、到處玩耍，她說：「有顆靈活聰明的腦袋和好品德，比學歷更重要，更重要的是當個負責的好男人。」

老媽很忙，忙著工作賺錢；老媽也很另類，別人的媽媽不是嘮叨唸書，就是叮嚀晚上要早點回家，但我媽會分享如何強化自己的競爭力，如何做好投資、賺錢理財，如何做行銷……。她不只是一個媽媽，更是我的人生導師。

當老媽說她想出一本書，分享她多年來的打拼經驗給我們這群 Z 世代，告訴我們如何運用正確的方法提升視野、少走些冤枉路、提早累積財富，我就非常期待，因為周遭的朋友們，一定都會需要這樣的知識和經驗分享。

我真的很幸運，身旁就有一位導師，可以隨時諮詢，尤其現在我和女友一起創業，成立自有品牌服飾，老媽更是天天教我如何規劃產品、管理財務，並提供我寶貴、可行的意見。我大力推薦老媽的書，也期待你們可以從書中的實際經驗、案例分享，讓自己活得更強大。

小兒 文橋敬上

前言

幫助卡關的你找出核心競爭力，實現富足人生！

兩年前，當我看到周遭年輕人，不論是剛畢業的新鮮人，或是來找小黛諮詢的上班族，每個人都想找到好方法，讓自己可以快速脫離貧窮、遠離職場苦海，或是增進技能晉升封爵。於是，我開始起心動念，希望將自己這數十年來所累積的，無論失敗或成功的經驗，集結最有用的精華成冊，分享給這些年輕世代，讓他們可以少走幾步冤枉路。

三十年前，當時我的薪水比現在的畢業新鮮人還高，但物價水準、房價卻只有現在的三分之一，到底出了什麼問題？台灣經濟倒退了嗎？為什麼現在的社會環境對於年輕人的發展，越來越不友善。

科技不斷地推陳出新，造就許多新創富人，但我們這些汲汲營營的平凡人，思維和視野是否也與時俱進了呢？

如果，在你的前方有顆巨石擋住去路，你會花上洪荒之力設法搬開它，還是盡快另闢新徑、轉個彎，讓自己更快到達目的地？

這不是一本說大道理的書，裡面敘述的都是真實的奮鬥血淚史、成功背後的感人故事。我花了近一年的時間撰寫、整理，最大的期望就是給年輕的你，一些可行的方向、有效的生活改善方法。

小黛出身於平凡家庭，靠自己的努力在職場上打滾近三十年，走過的路都是崎嶇不平的，也遇到不少愛耍陰鬥狠的人。人生沒有公平這件事，所以在這個年代你要運用頭腦，提升思維，學習成功人士；選擇運用最聰明、最有效、風險最低的方法，快速跑到終點，贏得屬於你自己的勝利人生。

第1章

沒背景的我，是如何成功的？

改變 1

成功不只靠學歷，我就是最好的例子

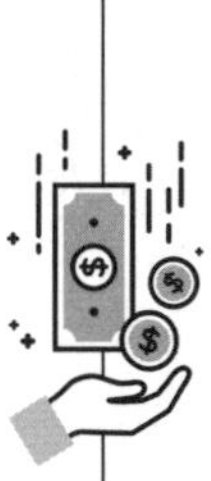

記憶中，小學下課後，大夥會圍在柑仔店裡，一邊吃著黑人牙膏糖，一邊看著國中生大哥哥們打彈珠。有時稍微逗留久一點，大嗓門媽媽們就開始到處呼叫孩子回家寫功課。

在那個年代，沒有任天堂、也沒有安親班，電視只有三台可選擇，而且還要等到爸爸回家後才能開電視。如果不想被父母叨念，吃完晚餐後，最好自動躲進房間裡看書，因為老早被警告這次月考要考前三名。

學歷等同能力嗎？

以前，很少學生會跨區就學，升學競爭並不像現在如此激烈，只要能待在前段班，再加上小聰明，想考上不錯的高中並非難事。於是，為了擠進台北市前三志願，我在最後兩、三個月衝刺K書。上了高中後，又要再次面臨大學聯考的挑戰，這時競爭變得激烈了，因為全國每位高中生都想擠進台清交成、師大、政大等窄門。不喜歡唸書又不願意上補習班的我，每天只想躲在房裡聽收音機、看小說，心想只要有個大學念就好了。

好不容易卡位到私立大學，但重視課業的父親非常不滿意，要求我重考，為了不引起父女間紛爭，我只好捧著訂金，到南陽街尋找「保證上台大」的補習班。那時在閒晃中突然看到一張熟面孔，原來是國中同學小晴，印象中她總是名列前茅，只要考試沒達滿分，就會心情鬱卒、整天不說話。一問之下，才知道她上了台灣最高（高度）學府，所以準備重考，我相信她一定非常心痛。

永遠記得當時她曾對我說的一句話：「像我這樣的人只能上台大啊！」一衷心感

謝小晴同學一語驚醒夢中人，像我這樣不愛念書的學生，最好就是進入私立大學，才能快樂自在的生活，所以鼓起勇氣把訂金原封不動退還給父親。幾年後，輾轉得知小晴終於如願以償，進入台大主修歷史，除了佩服她的毅力，也好奇台大這塊金字招牌，是否對她的人生和職涯發展有所助益。

大學最後一學期，周遭一些好友開始考托福，準備到國外念研究所，瞬間我的讀書魂被喚醒，於是硬著頭皮跟父親請求金援，讓我也有機會一圓留學夢。研究所畢業回台後，我和現在的年輕人一樣茫然，不知該找什麼工作。唯一的想法是外語能力還不錯，應該往外商企業發展，只要能夠磨練自己、可以累積含金量高的工作經驗，我都願意嘗試。

至今一路走來，我從總經理特助做到行銷經理，從消費性產業轉到金融產業。因為個性積極、肯做肯拼、不怕挑戰和失敗，從產品經理一路做到行銷長、通路長，並帶領業務團隊，過程中從未有人質疑過我的學歷不算頂尖。

相反地，大家看重我的是多年來所累積的實務經驗、專業能力、超強整合能力，以及從不自我設限的創新思維。

現在的小黛，雖然離開企業職場，但過去累積數十年的行銷業務、事業開發的專業與實戰經驗，讓我可以順利轉換跑道成為企業資深顧問、專職講師，輔導公司和個人，強化自身核心競爭力。

過去職場上有位長官令我印象非常深刻，不論何時何地，她總是一身套裝，精緻幹練的妝容，看起來俐落大方。許多場合中，她經常是眾人目光焦點，有些後輩視她為學習榜樣。能在外商擔任高階主管，照理說除了英文必須說寫流利，學歷和背景也應該優人一等吧！令人跌破眼鏡的是，她僅具備高中學歷。

另一位是從香港申請調職到台灣工作的外籍同事，依法規在台灣金融保險業擔任要職，須向主管機關提交個人學經歷文件，並經核准後才能執行業務。我還記得當時承辦人員很緊張，擔心可能無法如期獲准，因為這位同事只有專科學歷。幸好他憑藉著在業界累積足夠的資歷，加上總經理推薦背書，主管機關最後准予聘任。

千萬別誤會我是酸葡萄心理，酸溜溜地否定那些用功念書、拿到好文憑的學生。事實上，我是提出另一個評斷個人能力的觀點。

企業高層除了看重專業外，更欣賞的是你的潛能、爆發力、問題解決能力。所謂術業有專攻，科學園區工程師的專業並非一般人能快速趕上，如果工程師同時還具備前瞻性、創造力，願意踏出舒適圈，成為一名業務開發大將，就能幫公司帶進更龐大的業績。

成為一位專業醫師前，必須先經過七到十年的學術養成。當上醫師後，除了會看診、動手術外，如果還能主動學習智慧醫療、精準醫療等技術，協助醫院提升整體的醫療品質，他的自身價值，將遠勝於一張醫師的執業證書。

用心做好一件事，你就能成為龍頭

有些行業是可以透過實務經驗和人脈累積，讓自己發光發熱。大家耳熟能詳的世界麵包冠軍吳寶春師傅，只有國中畢業，他的成功來自於面對現實的堅強毅力。他不願被貧窮打倒，所以努力鑽研各式麵包製作的專業，讓他發揮更多的創造力。雖然沒有文憑、沒有商業背景，但透過專業投資人的協助，吳寶春師傅已成功地開展個人的麵包事業。

倘若沒有文憑，我們還有專業、實務經驗，甚至是經年累月累積的人脈網絡，這些才是真正能夠幫助我們在企業組織中越爬越高，在個人事業拓展上越做越成功的關鍵因素。

好友的兒子因為從小喜歡玩模型車，國中畢業後決定念汽車修護科，朝著技術專業發展，當時曾經引起家庭革命。好友說：「那時我的內心很掙扎，深怕兒子將來淪為修車的黑手。現今他就職於高鐵，在第一線守護乘客的安全，讓我感到很自豪。」技職教育所培育出的人才，大多屬於基本技術人力，卻是企業運作的核心群體，少了這一群技術尖兵，企業將無法順利運作。

幾年前，米其林大廚江振誠在台北大直開設了一間餐廳，饕客們必須提前好幾個月訂位，才能吃得到這位國際名廚的創意料理。勇闖世界各國的他，不僅廚藝一級棒，而且外語流利，料理的擺盤方式更是創意十足。但他並非平步青雲，他曾公開說過：「在法國學廚藝時，我有近兩年的時間只能負責削馬鈴薯皮。」他的成功來自於不斷地蹲馬步、練足基本功；並憑藉專業熱誠，以及源源不絕的創意，讓客人的視覺、舌尖味蕾有了與眾不同的享受。

在許多人眼中，生產腳踏車應該就是所謂的黑手行業吧。巨大機械從台中大甲發跡，如今已成為世界第一的自行車製造大廠，不斷從傳統中創新，開發碳纖輕量材質、智慧自行車。眼見殺價競爭導致業務萎縮，巨大機械創辦人劉金標先生很有遠見地摒除同業競爭壁壘，邀請另一家自行車大廠美利達，共同攜手十一家供應商，成立自行車聯盟「A-Team」，仿效日本豐田汽車生產系統，縮短交貨時間，大幅提升生產效能，也強化了自身的競爭力。

所謂行行出狀元，條條大路通羅馬。文憑就是一張紙，證明你已完成基礎和專業教育，但它並不能當飯吃，也不能保證將來一定能夠成功、一定比別人強。小黛念的是私立大學、研究所，學歷比我強的人比比皆是，但我相信只要具備一技之長，不斷學習，就能自信地發揮價值，確立自己的領先地位。

改變 2

別再整天抱怨沒機會，先想想自己缺了什麼？

人生沒有所謂的「不要輸在起跑點」，當我們呱呱落地時，就已經站在不同的位置點。放眼周遭，有些同學含著金湯匙出生，上下學有人接送，寒暑假到國外遊學，畢業後就有個工作等著他。相反地，有更多人出身貧寒，從小父母離異，只能跟著阿公阿嬤一起生活，兄弟姊妹還要擠在同一房間裡，想念書只能靠自己半工半讀，才能完成學業。

小時候，我家沒有冰箱，容易腐敗的食材就要寄放在對面阿姨家，我就是那位被指派穿梭其中的小童工。那時候，超級羨慕別人家有個大冰箱，夏天可以隨時喝冰水。對面阿姨待人很好，她也是一樓鐵工廠的老闆娘，在那個年代應該算是有錢人。還記得我經常坐著她的摩托車到市場拿東西，有時也會跑進鐵工廠裡玩耍。

我父親是位公務員，光靠他一份薪水，要養活一家七口真的很不容易。我沒有上過幼稚園，兩個哥哥上完幼兒園後，媽媽就直接送我們三個到小學念書。等我讀完一年級後，並未升上二年級，而是留下來再念一次小一。當時年紀太小，不明事理，依稀記得從學校回家，一路上淚眼汪汪，無法接受被留級這件事。後來才知道，原來是媽媽為了省下幼稚園的學費，拜託學校老師讓我免費寄讀，所以我不是被留級，而是媽媽超前部署。

家裡沒有冰箱、無法上幼稚園、必須自己手作玩具……，這些點點滴滴都成為日後茁壯的養分，讓我在現實環境中學習逆境成長。表面上看似無所謂，內心裡卻常告訴自己：「不能輸、不能哭，我要比別人強。」也不知道哪來的勇氣與能量，我總是激勵自己。別人認為的苦，我就當成是「進補」；沒有現成的東西，我就自己創造；爸爸可以做到的事情，我也要努力達成。

等我上了國中後，家裡經濟狀況好轉，不只有了冰箱、電視、錄影機，爸爸還大方地買了一台鋼琴給我。但在升學壓力下，我每天吃完飯後，只能進房裡K

書，到了半夜，躡手躡腳爬起來偷看錄影帶，成了當時的小確幸。

現在的年輕人，人手一支智慧型手機，應該從沒看過呼叫器（那時稱為 BB Call）或是汽車造型的 VHS 倒帶機吧！正因歷經過那些物資匱乏的歲月，所以我更珍惜、更努力抓住每次可以往上爬的機會。

跳脫比較心態，找到自身優勢

世上唯一可以不勞而獲的，就是「貧窮」和「一事無成」。當你整天只會抱怨，感慨自己的命運多舛，是否曾想過自己真的已經使出洪荒之力，用盡各種方法力爭上游？還是只要面對挫折就選擇低頭，碰到不如意就龜縮？

現實生活是殘酷的，你我每天都得面對柴米油鹽的生計問題；到公司除了要看老闆臉色，做到撞牆時想換個好工作，卻被對方嫌棄經驗不足……。如果，每次遇到這些小波折你就打退堂鼓，選擇隨波逐流，那就真的會成為大家眼中的「魯蛇」。

曾經有位同事聊到他的大哥。因為身為長子，從小就受到爸媽用心栽培，還借錢讓他出國完成碩士學位。結婚後，大哥和大嫂決定自立門戶，從此以後，除了平日看不到他們的人影，就連三節、過年也不回家探望爸媽。後來才得知，原來是他們夫妻倆背負房貸，加上毫無節制的花費，經濟上出了問題，兩人的薪水都不足以支付開銷，所以覺得沒臉回家見父母。

夫妻兩人薪水加起來超過新台幣十萬元，雖然在台北不能住洋房，應該不至於到生活拮据地步。這位同事說：「我哥就是愛面子，眼看朋友們一個一個開始購屋置產，為了不落人後，還沒湊足頭期款，就決定買房。每個月支付約五萬元的房貸，扣除車貸、生活費等，當然所剩無幾。」

另一位朋友在私立學校教書，某一天相聚吃飯，聊起生活近況。她不禁感嘆：「學生每月的花費，比我的月薪還要多，每到寒暑假，不是和爸媽到世界各國旅遊，就是學才藝。老師的薪水只能糊口，我準備再做個幾年，就要回老家陪我爸媽，平淡過下半輩子囉！」

每個人的命運本來就大不同。有人幸運出身豪門，有人運氣差投錯胎，如果大家互相比來比去，只會陷入無可自拔的深淵。**我們該比的已經不是起跑點，而是如何優雅、自信地跑到人生的終點**。只有跳脫舊有的思維，我們才能找到自身的優勢，持續不斷地往前。

三十歲前先累積本事，薪水不是重點

二〇二〇年初，一場突如其來的新冠疫情，導致全球股市大崩跌。曾有過慘痛經驗的投資者，都知道「危機入市」的大好機會又來臨，所以有些人這回靠著投資，賺進大把的鈔票。

也因為這個誘因，吸引了許多毫無投資知識、零實戰經驗的「投資小白」，前仆後繼投入股票和外匯市場。根據金管會統計，二〇二〇年國內證券戶「新開戶數」高達約一百四十八萬戶，遠高於二〇一九年的約八十五萬戶，創歷年新高。其中，開戶最多是二十一至三十歲的年輕散戶，位居台股投資人各年齡之冠，佔整體比重超過三成。

然而，多數企業受疫情影響獲利下滑，不是裁員，就是凍結人才招募活動。好友孩子幼祥在去年六月畢業後，就一直找不到工作，最後索性不投履歷，和幾位同學一起湊足三十萬元，專心研究股票。這些毫無投資經驗的小白們，以為只要聽聽市場專家的建議，就可以玩起當沖，每天沖來沖去賺大錢。後來卻聽好友說，他們非但沒賺到錢，還傷了同學之間的感情。

如果沒有亮麗的學歷背景，能夠讓你脫穎而出的，就是堅強的實力。企業都希望選擇有漂亮學經歷的求職者。同樣道理，現在的年輕人也應該選擇一份可以創造自身價值的工作。當你每天沉浸在創造價值的氛圍中，就會自動自發加快腳步；加上不想輸人，想要有一番作為，鬥志就會變得更高昂。相反地，如果你選擇待在輕鬆安逸的環境中，競爭力就會越來越薄弱，與成功的距離就會越來越遙遠。

三十歲之前，年輕人要累積的是自己可以掌握的「本事」，趁著還可以吃住家裡的時間，努力找一份自己喜歡的工作，培養職場上的核心能力。「欲達高峰，必忍其痛；欲戴王冠，必承其重」，沒有一流學歷沒關係，英雄不怕出身低，只怕不夠努力、實力不足。想要成功，年輕人就要動起來，一點一滴的摸索、邊做邊學，最後一定終有所成。

四十歲之後，要找到自己的強項

過了不惑之年，工作相對穩定些，有些人選擇自己創業當老闆，有些人留在企業裡當上主管，前途一片光明。這時候的職涯發展，我們仰賴的是專業、一技之長，以及累積多年的好人脈。

小黛有位學生小美，大學畢業後就一直從事導遊工作，每個月都有不錯的收入，也累積許多客戶資源。雖然目前受到疫情影響無法帶團出國，但個性積極的她，除了持續和客戶保持聯絡互動外，也充分利用時間學習新知識，希望疫情過後能夠開拓更多的商機。

小美喜歡烘焙，趁這段期間開始銷售自己的手作餅乾甜點；同時，更善用以前累積的人脈關係，做起國外代購服務。小美說：「我希望跟妳學習完整的行銷規劃知識，以前我只專心帶團出國，這次疫情讓我深刻體悟到，應該更有效地運用自身能力和手上現有的資源」。她還說：「導遊是我的專長，過了四十歲要轉職從事不熟悉的行業，相對是困難的。所以等疫情過後，我會繼續這份熱愛的工作，同時也會發展其他的國際貿易商機。」

小美的選擇是正確且務實的，也印證了越挫越勇的道理。人生每一個階段中，都有不同的生活目標。唯有認清自身的能力、優勢，並加以發揮所長，才能為自己創造安穩、幸福無虞的人生。

改變 3

在人生的十字路口，要選能走最遠的路

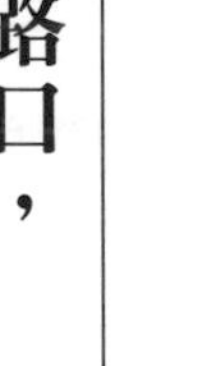

當你愛上一位女生，你會竭盡所能取悅她，為她赴湯蹈火在所不惜。同樣的，當你從事一份自己感興趣、熱愛的工作，不但會盡力做到最好，工作的心情也會是愉悅的。所以，**能夠把事情做到最好，「自身的意願」是重要關鍵，而意願又來自於興趣**。

在台灣，十二年國民基本教育中，到了高級中學階段，就分為普通科和職業類科。在「萬般皆下品，唯有讀書高」、「技職就是黑手」的錯誤觀念下，台灣高等教育自二〇〇二年起迅速擴張，許多專科學校轉型為大學，讓九成以上的學生皆可順利進入大學就讀。也因此造成大學文憑瞬間貶值，如果想進入大企業工作，還得再取得碩士、博士學位，才能脫穎而出。如此「重量不重質」的惡性循環下，讓許多「高學歷」的人畢業後，仍然找不到一份讓自己滿意的工作。

找到興趣最重要，走技職能更快進入職場

現任公益平台文化基金會董事長嚴長壽先生，一向致力於技職教育推廣，他說：「讀書不該是唯一出路，卻被教育政策限縮成唯一方向，技職教育無法發揮功效，導致台灣缺乏基礎技術人才。」的確，職校升格為專科，專科變成學院，又成為科技大學，使得許多高學歷年輕人不願意從事基層技術專職。但我們卻忽略了多數的工作屬於基層作業，越往上爬，職缺就相對越少。許多的碩、博士畢業生不願屈就從事基層工作，找不到未來的發展方向，寧願宅在家裡。

反觀瑞士、德國等歐洲國家，孩子從國小階段就為分流做準備，以便日後學習適當的專業領域，造就許多世界知名精工名牌，這就是追求技術卓越所發展出的國家優勢。

瑞士政府把「找出孩子的興趣」當作職業選擇的重點項目，他們認為讓正確的人在正確的位子上，才能發揮最大效益，這就是職場上強調的「適才適用」原則。在瑞士，進入技職教育不但是普遍的選擇，國家更大力支持，孩子從八年級就開始探索自己的性向發展。學校會蒐集和列出職業種類，提供各種諮詢，介紹不同職校的上課內容，並和學生一起規劃可執行的各個步驟，協助孩子找出未來適合的職業。

孩子了解自己的性向，找出個人興趣後，可利用放假期間親身體驗未來可能從事的工作。在國中教育的最後階段，還有機會到各個企業去了解職場的要求與挑戰。專門機構會教導青少年如何毛遂自薦給實習企業，從十六歲後就能參加實習。

畢業後，他們可以選擇一邊工作，一邊在企業推薦的職校讀書。除了能靠一己之力獲取穩定的收入外，企業也能以較低成本取得基層人力資源。除了受聘於企業，他們也可能繼續深造，成為高階技術人員。無論是基層專業人員或高級技術人才，他們遍佈於各產業領域，成為企業發展的人力基礎架構。這個重要的基礎架構，造就了以精湛工藝、高品質聞名的瑞士。

德國的技職教育，也不遑多讓。其成功的部分關鍵因素來自於社會氛圍，專業的老師傅可能只有高職畢業，但社會地位、受人尊重的程度卻不亞於大學教授。顯見，德國人重視技術與專業，而非文憑和頭銜。德國的技職教育從教學到產業的接軌有極高度的契合，技職採雙軌制，一星期只有兩天在校內上課，其餘時間都待在企業實習。

校內實行小班制，讓每位學生都能用到設備。企業採取師徒制，讓老師傅帶著學生完成每一項作業，從中學習「追求完美，不容錯誤」的精神。因此德國不是因為擁有工業強國的地位，才有這樣的技職教育；而是因為有這樣的技職教育，讓德國成為工業強國。

具備專業，可以走得更廣更遠

只要是從事行政工作的學員，上完小黛的課後都會問：「我想轉行從事金融、或是行銷業務，該如何做才能順利進入？」

首先，你要了解金融是一個高度專業的行業，主要業務是提供顧客不同的理財產品與服務。如果想進入這一行，你要先累積必備的專業知識，因此必須擁有相關證照。畢竟，當你沒有相關工作經驗時，證照可以作為基本的專業參考。有些專業內容，可以透過系統化的學習和認證取得，但有些則必須靠經驗的累積才能獲得。此外，還要熟稔金融相關的法令。

有位朋友學的是程式語言，進入社會後就從事相關職務，但程式語言不斷推陳出新，若沒有持續進修，很快就會遭到淘汰。最近，他語重心長地說，由於網路科技快速發展，已屆中年的他被迫學習許多新的技能，心裡感到非常惶恐。尤其是當身邊的年輕人不但反應快，學習意願也高，只要公司推出新的專案，都能很快上手，讓他備感壓力。還好他深信只要不怕吃苦、從中學習，就有機會更勝一籌。

我也把這樣的觀念帶到家庭教育上，認識小黛的朋友都知道，我不太在意孩子在校的分數表現，六十分就可以過關，但我很在乎孩子的品德、興趣發展和能力養成。我的觀念是，與其死 K 不喜歡的科目，還不如專注於自己有興趣的、自己在行的，而且要求不斷精進成為專家，因為唯有如此你的價值才能發光發熱。

改變4

養成原子習慣，造就一個強大的你

雖然有句話說：「命中注定」，其實不到最後一刻，人人都有機會反轉頹勢。老實說，我和大家一樣，看到同窗好友的發展比自己更好，難免也會感到焦慮。當年的幾位國中好友，有些是知名律師，甚至還有高升至法院院長，真是威風啊！

環顧生活周遭，當許多人都過得比你好、工作待遇比你高，在社群上不斷分享吃喝玩樂和旅遊的照片，你的心裡一定會不好受。其實，不需要因此感到沮喪，這些發展好的人不一定比你優秀，畢竟人的差距從出生那一刻就已存在。

那麼，我們到底該如何看待，別人過得比我好這件事呢？

有位大學好友，當初因為先生希望她在家照顧小孩，生完第二胎後，她就辭掉工作，在家專心當個全職家庭主婦。從外人的眼光，也許會覺得很可惜，好不容易念完碩士，在職場上的同學都發展的很好。但懂得規劃生活的她，並沒讓自己閒著，不僅利用時間游泳健身，還發展出自己另一項專長——寫作。她把自己的育兒經，透過幽默的筆法，寫成一篇篇膾炙人口的文章，最後還集結成冊出書，搖身一變成為知名親子作家。從工作職涯的角度評斷，或許她沒有好的經歷和職稱；但如果從人生的發展觀點來看，她卻活出屬於自己的精彩。

所以，人比人有時候真得會氣死人，唯有跟自己比，才是自我發展的致勝關鍵。身為業務的你，今年的業績數字比去年好，就表示進步了；當工程師的你，發現自己的程式語言功力越來越強，就代表成長了。

成功的機會，由改變小習慣開始

「機會總是留給準備好的人」，也許這是老生常談，卻是不變的真理。現今檯面上成功的億萬富翁，許多都是出身寒門。有的人從小輟學，必須外出打工賺錢以貼補家用；有的人因為公司組織變動，中年時被迫失業，從現實生活的困頓與波折，激勵出了「只許成功、不許失敗」的拼命三郎精神。

1. 發揮無可限量的爆發力

原子是化學元素的最小單位。原子彈是利用鈾、鈽等重原子核，在核分裂瞬間可發出巨大能量，產生爆炸。每次核分裂出的中子數只要多出一個，中子總數就會以「指數形式」增長，當然產生的能量也會隨之劇增。

第二次世界大戰末期，美軍在日本的廣島和長崎各投下一枚原子彈，造成數十萬日本平民死亡，促使日本投降，結束第二次世界大戰。這是人類歷史上第一次在戰爭中使用核武器，足見，這個最小化學元素「原子」的威力之巨大。

我想傳達的重點，既不是原子、也不是戰爭，而是要告訴你們：**「細微的改變，能為我們帶來巨大的變化」**。《原子習慣》的作者詹姆斯．克利爾（James Clear）原本是位棒球選手，嚴重受傷後重返球場，卻只能坐冷板凳。但他始終不放棄，持續運用小改變、小習慣，終於再次站上球場，並加入 ESPN 全明星陣容，更獲得總統獎章。

克利爾將自己的實踐經歷與心得，透過出書分享。他提到：「每天進步一％持續一年，你能獲得三十七倍成長；每天退步一％持續一年，你會弱化甚至倒退為零。你的一點小改變、一個好習慣，都會產生驚人的加乘效應。」

這句話讓我想到巴菲特提倡的「複利滾雪球法則」，其實他們兩人講的是同一件事情：**「固定且重複」的行為，將會帶來巨大變化。**

2. 微小的改變，能成就巨大變化

根據 Psychology 1000 研究指出：「大約六十六天為一週期，只要每天堅持做一件事，爾後就能夠習慣成自然，變成反射性行為。」換句話說，習慣的養成，是經由不斷重複後，行為變得自動化。這就是神經學家所講的「長期增強作用」——重複一個行為越多次，大腦的結構會更有效率地執行這個行為，並加以改變。

好友 Peggy 當初為了產後可以快速回復身材，毅然下定決心參加健身訓練。她幾乎每天上健身房運動，在教練的指導下，不論是瑜珈、重訓或有氧運動，都非常有紀律地鍛鍊體能及體態。同時她還改變自己的飲食習慣，採取低脂高蛋白食譜，並且自己料理三餐、做便當。經過兩年訓練後，她現在的體脂率不到十％，不僅恢復以往姣好身材，全身肌肉線條明顯均勻，展現女性最佳的力與美。

另一個案例是小黛大兒子的英文自學，除了小時候上過全美語幼兒園外，基本上我們家孩子不上安親班，放學後就是踢足球、和同學玩樂。大兒子喜歡踢足球，所以也經常看國外聯盟賽事轉播，偶爾還會聽到他在房裡大笑，原來是在看外國脫口秀。他長期沉浸在「講英文」的環境中，自然而然學會許多英文詞彙，聽說能力也會越來越好。**在這我要強調的是，「學習曲線」的習慣養成，主要取決於頻率，而非時間。**

或許是遺傳加上父母的刻意訓練，我從小就很有紀律，會自我督促養成良好習慣，例如早起、愛整齊乾淨、喜歡投資理財、會定期運動等等。我的動力來自於「我想要變得更好」。因為有動力，好習慣的養成，對我來說就是理所當然的事。一旦成效達到預期，我會犒賞並感謝自己的辛勞與努力。

親身實證兩個會成功的方法

改變習慣是為了「自我改善」，持續改善可以帶來加乘效果，最後的結果必須仰賴時間累積，才會變得明顯而巨大。大家都有類似的經驗，每天一直喊著要減重，卻是「三天打魚，兩天曬網」。只要站上磅秤後的數字毫無變化，就會選擇放棄。當習慣建立的前期成果和預期有所落差時，我們就會感到失望。反觀，願意熬過「停滯期」且最後能夠成功的人，大家總以為他們是一夕成功，卻忽略背後所付出的努力與代價。

我們經常高估必須「快速做決定」的重要，卻低估每天小改變所帶來的價值。雖然知道習慣養成很重要，想戒除壞習慣卻力不從心，想養成好習慣卻又老是半途而廢。其實，真正的問題出在你的改變方法。以下分享兩點我的親身實踐經驗。

1. 建立屬於自己的 1% 進步模式

剛開始不要太貪心、想要一蹴可及，世界上沒有「捷徑」這條路，先從簡單、容易上手的習慣開始。以前有位同事一心一意想要靠投資賺大錢，只要有人報明牌他就跟進，不用說下場當然很慘。後來，他知道我是個投資老手，有事沒事就跑來問情報，我都會直接告訴他：「先蹲好馬步，做好基本功，才有可能進步。」現在他每天會利用睡前看財經書籍一小時，而且計畫性地安排閱讀主題，假日會參加財經講座，提升自己的知識。

當你具備充足的財經知識，就會有動力追求更好的投資理財計畫。一旦投資成效達到預期目標，你會花更多時間研究市場資訊，因為你渴望成為專家。這就是一種良性循環、系統性的習慣建立。系統性的習慣有助於降低日常生活的焦慮，讓你做好時間調配，然後按部就班，一點一滴的累積經驗，並轉化為進步的動能。

2. 持之以恆，從鏡子裡看到成長三十七倍的你

習慣養成，最困難的就是持之以恆。人難免有惰性，每天處理工作上一堆瑣碎鳥事，回到家裡只想窩著或躺著，不想再花費任何腦力，這點無可厚非。的確，上班賺錢很辛苦，但如果你想要出人頭地、想要快速成長、想要成為有錢人、想要提

前退休享受富足生活，你就要堅持下去，比別人更努力。

要如何克服惰性？首先，在你的大腦深植未來身分的形象。簡單來說，就是「我要成為什麼樣的人」。例如當我一踏入職場時，就在大腦裡刻劃出：「小黛是位兼具智慧創意、美麗優雅的專業經理人」，美麗優雅不是天生的，智慧和創意更要靠後天不斷地努力學習。

在金融業上班，你會發現男同事大多是西裝筆挺，女同事則身穿套裝，皆打扮得宜，因為他們必須看起來專業、架勢十足。在服務業工作，無論男女工作人員都是穿制服、面帶笑容，因為他們必須成為最佳的品牌大使。

所以，如果想成為一位美麗有氣質的女性，你必須學習禮儀、提升穿搭技巧；如果想成為一位傑出運動員，你就要學習足球明星梅西（Lionel Messi）每天花十小時訓練體能和技巧；如果想成為有錢人，你一定要學習富人的生活習慣、聰明消費方式及思考模式。

再次提醒，**習慣的養成，必須透過不斷地重複練習，才能夠將你的習慣自動化**。

第2章

讓有錢人教你，解開窮忙的4個迷思！

改變 5

錯誤的金錢觀，會讓你從裡到外都窮

「窮得只剩下錢」，常用來形容雖然物質生活富裕，但心靈空虛、內心貧乏的有錢人。其實，金錢只是財富其中一個面向，要知道「知識就是力量」、「書中自有黃金屋」，知識也是一種看不見，卻能提升自我價值的財富。只要內心富足，雖然口袋沒幾分錢，但內心充滿希望與能量，這種財富能夠源源不絕地幫助你克服萬難。

1.「見錢眼開」造成偏差的價值觀

大多數人都不敢談錢，深怕被人說見錢眼開、只會炫富，但私下卻會盤算哪一份工作的薪水比較高、誰賺的錢比較多。內心想要賺很多錢成為「好野人」；表面上又要裝得兩袖清風，怕變成別人口中只在乎錢的勢利鬼。這種內心糾結，就在於你對金錢價值有錯誤認知。

其實，金錢只是一種工具，讓你可以維持生活基本所需，只要運用得宜，還能幫助你實現人生夢想，所以我們追求的是金錢帶給我們的價值。錢之於你，就像你之於工作；當你的工作價值越高，你所獲得的薪資回報就越多。相反地，如果你不提升自身能力，只會一昧地談錢、追逐金錢，這時散發出銅臭味就會讓人受不了。

一般上班族每天盡心盡力、任勞任怨，除了希望完成工作任務外，更期待獲取較好的職位、更好的薪資待遇。有些同事會自願申請外派，希望趁年輕時能有好的發展，賺取更多的薪水。有了好的經濟基礎，就能提供家人好的生活品質，實現自己的生活願望。金錢帶給我們的價值，是未來的希望和夢想的實現。

有些人會說：「我小時候生活太窮困，長大後才會變得只向『錢』靠攏。」如果貧窮能夠激發你的上進心，讓你努力創造自己的事業、金錢財富，是值得他人敬重的。但如果只是把窮困當成一種藉口，期待別人能體諒你、幫助你，為你帶進更多金錢可供揮霍，就會淪為拜金。

幾年前，我決定和一位好姊妹斷絕往來，因為她對錢的扭曲觀念，讓我感到非常不舒服。她以為有了錢，買了名牌，就可以讓自己躋身上流社會；以為有了錢，就可以攀附權貴，好比龍袍加身。事實上，過度崇尚名牌的心理，反而顯露出她的空虛和學識不足。

2. 內心不夠強大的宿命論者

在成功者身上，可以看見許多致勝因素，其中一項特質就是「內心強大」。心理狀態會影響人的思維、行為模式，好的發展更會激發鬥志，進而促發外在行動力。「窮而不認命」這句話，提醒我們要由內而外修煉，不抱怨、不迷信宿命論；更別認為自己是個窮人，就產生自卑、負面想法。

「多而虛」是因為心靈匱乏而拼命追逐，當你發現再多錢也無法填補你的夢想時，匱乏感會越來越深。德國思想家歌德（Johann Wolfgang von Goethe）曾經說過：「如果你失去金錢，失之甚少；如果你失去朋友，你將失去甚多；如果你失去勇氣，你將失去一切。」英國小說家菲爾丁（Henry Fielding）則說：「如果你把錢當作上帝，它會像魔鬼一樣折磨你」。

幾年前，台灣青年就業待遇停滯不前，好友兒子文淵於是前往上海發展，希望能突破困境，闖出一片天。上海人才濟濟，想要佔有一席之地，並非容易的事。不過，文淵說：「我發現當地年輕人很優秀很拼，但非常現實，眼中只有錢，只要薪水多三％就跳槽。相較之下，從台灣來的人就比較穩定，能獲得上級的信任。」「工作上是否能夠承擔多些責任，快速累積帶人經驗，對我來說更為重要。」「我很幸運碰到志同道合的同事，大家相處融洽、互相激勵。遠在異地，心靈得到慰藉很重要」。

文淵從工作上所獲得的富足感，不只是用金錢多寡來衡量，更多的是心理的滿足與成就感。**這也是我一直跟年輕人分享的富人「致富思維」，因為心靈感到滿足，產生「內心強大」，能進而激發出更多的創造力、執行力。**

3. 不會善用手中的好牌

回頭看一下自己，你手上握有那些好牌是別人沒有的：諸如親情的溫暖、朋友的相挺、自己的專業才能；再來要感恩珍惜你所擁有的獨特價值，並善用這些價值，創造出自己的人生。每個人都是獨特的，天生我材必有用，我們該做的是發掘自己過人之處，並將它們極大化。

你應該還記得高爾夫球名將老虎伍茲（Tiger Woods），當他的天賦被發掘後，透過嚴格的訓練，加上自己的堅強意志，在九歲時就取得少年組世界冠軍，十六歲奪下美國少年業餘組冠軍，十八歲後又連續三次取得美國業餘賽冠軍。更讓人驚豔的是，他在二十一歲就獲得職業賽世界冠軍，二十四歲時職業生涯達到高峰，共贏得八項重要賽事。這是長達二十五年無人能挑戰的非凡成就，直到二〇〇九年不幸發生車禍後，他的成績一落千丈。

如果是我們碰到這樣的意外，早就灰心喪志、選擇放棄，因為放棄是最簡單的事。管理大師卡內基（Dale Carnegie）說：「生命中最大的危機就是轉機。」你的心理決定了你的行動力。雖然中間歷經起起伏伏，老虎伍茲始終不放棄，並在二〇一九年再次奪回職業賽世界冠軍榮耀。伍茲能夠重返榮耀，靠的就是家人的支持和自己的堅持，從谷底翻身再創高峰。

有位來參加小黛「全方位行銷」課程學員，還沒下課就跟我說：「老師，我要先離開去趕高鐵。」我順口問了一下要去哪？她回說：「要趕回南投。」為什麼要趕回南投？原來她在南投上班，因為當地鮮少有專業的訓練課程，於是她特地北上學習。我除了感動還是感動。這麼努力向上的年輕女生，怎麼能夠不好好地幫助她、提拔她呢！

4. 為富不仁的「好野人」

貧賤夫妻百事哀，但你以為只有窮人才會感到辛酸無助嗎？我和身邊幾位有錢人接觸後發現，雖然他們住在豪宅、開名車、過著奢華生活，卻經常一人孤伶伶吃飯，身邊沒幾個知心好友，大部分的人都是基於利益考量和他們交往。

有些價值觀偏差的有錢人，會習慣用「金錢」來衡量人心，認為別人都是為了錢刻意接近自己，導致身旁親人選擇遠離他的銅臭味，其實他的內心是空虛寂寞。

為了擺脫銅臭味，有些富人會念EMBA，除了能改善為富不仁的負面形象，為自己創造個人聲望，也能同時結交頂級社會人士，開始參與社會公益，更重要的是能提升自己、增廣見聞。因此，當我們致力成為一位有錢人，更要同時增進內在涵養和知識水準，讓自己變成一位內外優質兼備的「好野人」。

小黛的成功法則

把辛苦掙來的錢當成自己孩子般對待與愛惜，看見它越長越高、越來越胖，心情就會大好！

改變 6

錢不是束縛，別被它控制了

小時候，我很好奇為何父親的西裝褲口袋總是鼓鼓的，後來才發現裡面放的是現金。生性儉樸的父親，鮮少為自己添購任何東西。公務員每個月領的是死薪水，應付一家老小開銷都不夠，還得利用假日兼差，幫人畫圖賺錢，才能讓我們全家人生活無慮。

以前只有金字塔頂端的人，才能夠擁有信用卡，所以父親說：「我怕碰到特殊狀況必須用錢，為了以防萬一，身上一定要準備足夠現金，這樣爸爸才會比較安心。」

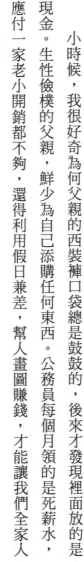

原來口袋裡不只可以裝錢

父親的未雨綢繆，無形中也影響我對於金錢的不安。平常，我的皮夾裡都會放個一萬元，信用卡一定要有好幾張。工作上，我追求高薪所帶來的安全感，所以哪裡有好薪水，就往哪裡去。除此之外，我還養成一個特殊的偏好，儘管現在皮夾都是放進包包裡，但我選購裙裝、褲裝時，一定要有口袋設計才會考慮購買，因為口袋帶給我安全感。

雖然父親非常努力賺錢，維持家計，但從小我和哥哥們沒有太多零用錢，玩具大多是不花錢自己手作。大學時期，因為愛漂亮，就會去當家教、到餐廳打工，賺零用錢買喜歡的衣物。研究所畢業後，為了追求高薪，立志進入外商工作，但幾年下來，卻發現我仍是個月光族。

老實說，和其他人相比我算是幸運的，吃住家裡、收入穩定且持續增加。但比起進帳，我的開銷更大，只要看到想買的東西，就會為自己找各式各樣的理由入手。因此直到結婚前，存摺裡的餘額仍只維持四位數。

1. 學會讓錢幫你賺進更多財富

雖然工作越來越順利，職位越高，薪水也跟著水漲船高，但結婚後開銷更大，左手進右手出，就是存不到錢。當時和一位好友吐苦水，她卻直白地回我：「你會賺錢，但你更會花錢，所以你並不愛錢。」「真正愛錢的人會設法把錢留在身邊，並運用它，帶進更多的錢。」

頓時我恍然大悟，原來我沒有自己想像中愛惜金錢。如果我真的對金錢不安，就不應該把自己辛苦賺來的錢，任意地供給家人魯莽創業；也不該毫不考慮幫助朋友，造成自己的財務缺口；更不該毫無節制地用錢滿足家人物慾。原來，我才是真正的「錢坑」。追求高薪及對金錢的不安感，並未為我帶來財富，因為我沒有把錢存下來，做好投資理財賺更多的錢。我只知道花費金錢，而不是運用金錢。

2. 學會讓錢為你創造快樂

猶太人除堅韌外，聰明和富裕是世界公認的，諾貝爾獎得主中有二十二%來自猶太人；全球有錢企業家中，猶太人佔了一半。曾經有人說：「真正的猶太人能從稻草裡找到金子，有錢的地方就有猶太人。」他們以錢維生，卻又樸素、自然的過生活，不管貧富貴賤，對金錢保持一顆平常心。他們孜孜以求獲取金錢，當失去的時候，也不會痛不欲生；他們愛金錢，卻不被金錢所控制。

有位大學同學現已全家移民美國，過著簡單又富足的退休生活。雖然她很早就離開職場，過著家庭主婦的日子，卻能從中創造出個人的價值。除了照顧好家庭外，空閒時寫書、出書，成為親子專家，分享她的獨特教養之道。還記得她曾分享過：「因為在家衣食無缺，我不建議給孩子零用錢。當然小孩之間會互相比較，回家也會跟我抗議，但我堅持真正有需要的，我才會給。」當時，同樣身為母親的我，只覺得這位同學有原則，但也很小氣。其實，她是在教育孩子用錢的態度，清楚分辨什麼是需要和想要。

3. 口袋沒錢不代表你很窮

只要星××推出買一送一，門口總是大排長龍，同事說儘管她家裡櫃子早已擺放不下，但年終八五折時，就是一定要再買個馬克杯犒賞自己。其實，我年輕時也會做一樣的事，直到開始買了好豆子，自己磨豆子聞香、沖泡咖啡，才發現以前喝的是「自以為」的生活態度，現在喝的才是真正的好咖啡。重點是自己煮的好咖啡一杯只要約新台幣三十元，星××一杯就要一百五十元。

許多人嘴裡一直喊窮，每天卻要喝上好幾杯的手搖飲才過癮，還動不動就要小確幸，為自己添購雙名牌鞋。因身兼104人力銀行高年級業界顧問，除了求職問題，我也經常和即將畢業的年輕人聊到金錢價值、金錢的運作及使用態度。懂得用錢的人，是自信開朗內斂的；不懂得用錢的人只會炫富，這種人的生活比沒錢更讓人心酸。

前些年，我開始改變自己對金錢的想法和態度，也真正明瞭錢帶給我的價值。那是一種隱藏、有涵養價值，是一種內在、穩定、安全的價值。如今，我口袋裡裝的通常不是錢，而是禮貌、修養、簡單、氣質。君子愛財，取之有道。我們要學習金錢的運作方式，了解金錢所帶來的價值，尊重它、善用它。不要視錢如命，被它控制了我們的生活，而應該讓它創造出個人獨特價值、獨特涵養。

因此，口袋深淺不是問題，口袋裝的是你的金錢價值觀、金錢使用態度。

商務艙和經濟艙的距離，取決於自己

我從小就喜歡哼哼唱唱，所以國中加入學校合唱團。國二時，合唱團受邀到東南亞宣慰僑胞，那是我人生第一次出國，有點像劉姥姥進大觀園的心情，既緊張又興奮。雖然名義上是受邀，但所有的費用包括機票、吃住等都必須由學生自行負責，以當時家庭經濟狀況是一筆不小的負擔。感恩父親在我的懇求下大方應允，讓我有機會在年幼時就飛越大海，體驗不同的民俗風情。

生平第一次到桃園國際機場，登機時才知道原來商務艙和經濟艙有不同的排隊路線，也有不同的登機入口。腦袋裡充滿好奇與想像，商務艙座位應該超級大，還有特殊機關，空服員應該比較漂亮……。其實，經濟艙的座位還算舒適，尤其是我第一次搭飛機，所有的事物都是新鮮、新奇的，連機上的可樂、小麵包與餐點，我都覺得特別好吃。

長大後因工作所需，我經常出差，出國機會越來越多，外商公司體恤主管辛勞，讓我可以搭乘商務艙，享有較舒適的空間。這時，終於解開兒時對於商務艙的想像。不僅能優先登機、優先下機、座位寬敞、餐飲等級不同，美麗的空服員還能叫出你的姓名，並殷勤照料不同需求。

我頓時能理解為什麼企業老闆、有錢人，願意花數倍的價格搭乘商務艙或頭等艙，除了享受不同待遇，也擁有較多的個人空間處理公事，或享受片刻的寧靜。以前就有位外籍大老闆，每星期都會安排前往亞洲各地視察，公務非常繁忙，有時還必須在機上處理緊急事務。所以他只搭乘頭等艙，才能完全享有個人空間，在機上通電話交代事情。

相較之下，自行創業的好友小平就比較辛苦。小平很早就到中國設立工廠，從事電子材料代工，經常搭機往返兩地。他經常抱怨：「我老婆很摳，每次都訂最便宜的經濟艙，你知道我手長腳長，坐起來很不舒服。」「她說票價差很多，商務艙是經濟艙的兩倍價，只要忍耐一、二小時，反正大家都是同時間抵達。」但我很同意小平老婆的堅持，自己創業，對於錢的掌控必須更精準，錢要花在刀口上，才能發揮最大效用。

每個人的選擇不同，艙等不代表個人價值

近幾年企業為了強化競爭力，開始管控營運成本，其中一項就是縮減交通費支出。尤其是國際型大企業，為了降低費用，規定不論工作職等，只有飛行超過一定的時數，才能搭乘商務艙；能夠透過視訊完成業務上的溝通，就不准予出差。

百大富豪小米集團創辦人雷軍，身價早已突破百億美元，但至今他仍維持一貫低調作風，二〇一七年曾被網友在飛機上偶遇，發現他搭的是經濟艙。針對外界好奇的眼光，雷軍曾在母校武漢大學演講時透露，公司明文規定，高層主管出差也一律坐經濟艙，公司只能報銷經濟艙的費用，他說：「本人身為公司創始人，要身先士卒。」

被股神巴菲特尊稱為最聰明的合夥人查爾斯・蒙格（Charles Thomas Munger），曾出書公開分享自己的成功寶典。就像巴菲特一樣，他們都生性節儉，即使身價連城，搭乘商用班機時也只坐經濟艙。蒙格說：「擁有自由的頭腦，比擁有財富更重要。坐經濟艙可以讓我更了解市場的脈動，讓我的思慮更清晰。」

企業為了能常久生存、企業家為了堅持自己的金錢價值觀，這些有錢的富豪們也跟我們一樣，選擇搭乘經濟艙，因為大家都是同樣時間落地，抵達目的地。

所以，商等艙和經濟艙的距離，取決於我們內心的價值觀。

小黛的成功法則

學會富人的深藏不露，錢賺得越多，行事作風就要越低調！

改變 7

買房這件事，你永遠不敢踏出第一步？

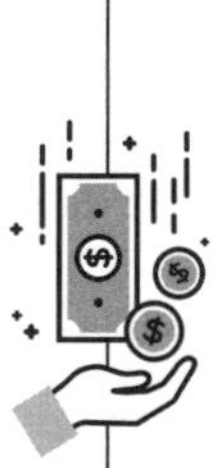

在高房價、低薪資的時代，越來越多年輕人選擇不婚、不生、不買房。在人生的未來藍圖中，購屋也許不是重要目標；但對有些人來說，擁有一個屬於自己的家，代表歸屬感，能讓漂泊的心安頓下來。在我的學員中，志豪就屬於後者。他努力克服資金不足的問題，一步一步實現成為「有屋族」的夢想。

月薪只有三萬元，也能買房

志豪從小生活無虞，父親是公務員，母親從事會計工作。高中畢業後，他與妹妹從屏東北上求學。兩人完成學業後留在台北工作，開始在外租屋的日子。志豪大學念的是外語，畢業後進入貿易公司從事國外業務工作，一年後薪水約三萬元。當時，父母盤算著兄妹倆在台北的租金花費不低，乾脆買間小房，把租金用來支付每月貸款。因此，他們和志豪商量後，決定在淡水竹圍附近買一間房子，同時幫忙支付頭期款，再由志豪自行負擔日後所有的房貸。

當時，志豪也沒想太多，加上有儲蓄的好習慣，於是馬上答應爸媽的提議。這時問題來了！估算三十年房貸每月本利攤還金額，就要花掉志豪一半的薪水，若再扣除水電、瓦斯和其他生活雜費，三萬元月薪根本不足以支應。做事總會事先規劃的志豪心想：「我有一筆近二十萬的存款，以後薪水還會增加。我只要和銀行談好前三年僅付利息，並運用手邊存款支付第一年利息，應該可以減緩資金壓力。」

靠著這股傻勁，志豪買下人生第一間房。現在三十五歲的他，任職於大型資訊公司業務員，薪水也早已倍數成長。更幸運的是，他在去年娶到一位美嬌娘，兩人擁有相同的價值觀，在婚前達成協議：志豪負責房貸和大筆開銷，妻子支付日常的水電、瓦斯等雜費。兩人希望未來有經濟能力，再換大一點的房。

志豪工作不到幾年，卻能晉升為有屋族。雖然他和其他年輕人一樣都是普通上班族，但自認成功關鍵因素在於：「當初買房是父母主動提議，我很感謝爸媽的奧援。再來應歸功於自己務實的性格，對金錢使用較保守，我也沒有太多物慾，一定要事前規劃好才會消費。凡事按部就班，一步一步往前走就對了。」

提早規劃，按部就班實現夢想

志豪打破許多年輕人的迷思，以為要月入十萬才買得起房。**在此，我要鼓勵年輕人，應該打破以下的錯誤觀念，用積極態度面對「買房」這件終身大事。**

迷思1：買不起房，就買車吧！

許多年輕人常怨嘆生不逢時，看到房價高不可攀，就直接打退堂鼓。既然買不起房，乾脆買車吧！至少可以犒賞自己，也證明老子還有能力買車載女朋友和家人。但仔細想想，這樣划算嗎？一台轎車至少需要十萬到二十萬元頭期款，之後每個月還要繳交二萬至三萬元車貸。車子會折舊，時間一久就不值錢；房子正好相反，越早買增值空間越大。

你可能會反駁，房子頭期款至少要兩百萬到三百萬元，要存到何年何月才會有？其實不難，只要做好理財規劃，每月定期存一萬元投資，經過複利效果（假設年報酬率六％），十年後就能存到一百六十萬元。試想，假如願意放棄買車，選擇搭乘大眾交通工具，就有機會在三十五歲時擁有一百六十萬元存款。這時只要父母有能力幫忙出點錢，就可拿出兩百萬到三百萬元，支付頭期款。

迷思2：不願意搬出市區

頭期款準備不多的情況下，買房的選擇就會受到限制，不要堅持非市區不可。例如住在台北的人，可考慮外圍的城鎮，也就是淡水、林口或桃園等地區的房子，用時間換取空間，善用便利的大眾運輸工具。通勤族只要每天計算好上下班時間，反而能避開路上的車潮。以志豪為例，他家距離竹圍捷運站有一小段路，下班後他會和妻子相約在捷運站碰面，再一起騎車回家。

更重要的是，有了第一間小房，你會精心設計，佈置成溫暖的家。家的歸屬感，能讓心情變得穩定，進一步幫助你專注在工作上。因為工作表現良好，更有機會升官發財，也就有錢換一間較大的房子。所以，買房也能開啟你另一個人生目標。

迷思3：以為現在不做，將來就會自然迎刃而解

我們經常用「把頭埋在沙裡的鴕鳥」，來形容一個人不敢面對現實，只會採取消極逃避的行為。但年輕人總不能一輩子都把頭埋進沙堆裡吧！

台灣是個島國，高山和丘陵就佔全島面積的三分之二，可居住的區域相對少。因為稀少，土地取得就更加彌足珍貴。另外，許多人為了找份薪水較好的工作，大都選擇離鄉背井，落腳在大都市中，也讓城鄉的房價差距越拉越大。根據內政部公佈二〇二一年第一季「全國房價負擔能力」的統計數字顯示，全國房貸負擔率為三十六．五四％。其中，台北市為六十二．一七％，新北市四十九．〇一％，桃園市二十九．九五％，台中市四十．六三％，台南市三十一．一二％，高雄市三十．

四%。

看到上述數據，六都中僅桃園市房價的負擔能力，落在可合理負擔等級範圍，看到這很多人應該就能理解，為何有些年輕父母會選擇在桃園購屋。雖然每天得花多一點時間通勤，但若選在雙北市買坪數相同的房子，可能得付出雙倍的代價。

換個角度想，與其在大都會裡當個無殼蝸牛，為何不好好運用口袋裡累積的資金，買一間自己可負擔的房子？說不定生活品質還會更好呢！

回到剛才的例子，志豪在二十六歲時，以月薪三萬元和父母幫忙支付頭期款，成為有屋族。如今，這間房子的房價早已增值五十%。所以，千萬別認為房價已漲得太高，再也無力找到自己的殼。除非你只想終身當個租屋客，否則現在不做購屋準備，五年、十年後還是要做。勇於踏出第一步，才能走出一條不同的路，看到不一樣的風景。

改變8

不投資、只投機，小心得不償失

有一名股友在PTT版上發文：「從去年（二〇二〇）十月開始，股票都是只買不賣，在長榮三十八元的時候，還加碼買進三十張，本月二十一日全數賣光，並附上對帳單，長榮股票共有兩百張，獲利一千二百一十七萬元，損益率四百一十三．七八％；陽明股票則有一百張，賣出後獲利五百二十萬元，獲益率達五百％，兩支股票總共賺進一千七百三十七萬元。」

於是朋友就傳了一則訊息問我，PTT版上的這則發文是否可能是真的？我只回說：「因為我不是這位股友，真的無法判斷真假。不過，按照時間推算，會在去年十月就開始持續買進，且不出脫貨櫃航運股的個人投資者，的確不多。」如果這是真的，這位股友肯定不是投資新手，除了手上有一大筆資金外，還能抱持著中期投資的態度。

千萬別借錢買股票、跟風加碼

受到新冠肺炎疫情影響，從去年下半年開始，全民宅在家中上網購物，推升全球物流業營收大成長，促使貨櫃、航運股的表現持續備受看好。今年四月二十二日，長榮股價被推到歷史新高，當天台股爆出新台幣六千多億元歷史新天量，長榮單一個股的成交金額高達六百零二億元，成交金額佔台股單日總成交金額比重達九・三三％，對沖金額更高達三分之二，此驚人紀錄應該也是空前未見。

所有相關個股被瘋狂追捧，連中鋼也漲停，還連拉了幾根紅K棒。曾經也是投資小白的我，頓時理智線有點錯亂，但更擔憂的是年輕投資人辛苦賺來的錢，可能遭刻意哄抬股價的市場炒手們掏空。

前些年，有位朋友突然和先生離婚，起因是她用融資買股票，還跟親朋好友借錢，最後因股價大跌，被追繳款項，若無法償還將被斷頭。所以，她請求先生將房子拿去抵押來還債，但先生為了自保，選擇和她切割。後來，我才得知她加入股友社，聽信版主和市場謠言，買了一些飆股。剛開始，她的確有賺些小錢，但當股價創造歷史新高後，仍繼續加碼。在毫無風險概念下，也不清楚買的股票是否具備投資價值，最後所有的積蓄歸零，還負債百萬。

完全沒有投資經驗的上班族，如果不做功課、只聽信別人的建議，連巴菲特都會賠錢了，別期待錢可以憑空而降！我不禁問她：「你哪來的自信可以靠股市賺大錢啊？」幸好，親朋好友同意讓她分期還債。她懊悔地說：「就是貪念，想要快速致富，沒想到為了投資，連婚姻都沒了，自作自受活該。」

投資，就像我們選擇男女朋友一樣，除了重視顏值，也要觀察對方是否為人正直、品行良好。你總不會只因為對方今年對你特別好，就決定和他（她）步入禮堂。所以，穩固的基本盤和未來的成長力，是選擇的關鍵。

有過慘痛投資經驗的人，都會學到這件事：真正可以讓人獲利的是「投資紀律」。持續學習投資理財知識，了解如何評估公司價值，設定停損、停利點，不聽信謠言，你才有可能獲利。

有做功課的投資人，上網查一下長榮歷年的每股盈餘就知道，從二〇一一年至二〇一九年不是趨於零，就是負的。也就是說，這是一家不賺錢的公司。去年，受惠於疫情發酵，每股盈餘逆勢成長到新台幣五元。今年，因為蘇伊士運河塞港事件、缺櫃問題，造成貨櫃輪報價大漲。於是外資、投信公司開始預估每股盈餘將達二十元，甚至將股價喊到上看兩百元，目的就是希望投資小白們要跟隨往前衝，他們才能順利下車賺飽飽。

你會期待一間大起大落的公司為你帶進財富，還是應該投資一家擁有最先進技術、每年固定配息，而且未來展望大好的企業？也許年輕的投資人會挑戰小黛：「我們就是在累積經驗啊，時勢可以造英雄，不去試試，怎麼知道不行呢！」

投機、投資大不同，你是哪一種？

身為資深股民，小黛要再次說明：「投機和投資是不同的。」切勿因為市場上的傳聞，或聽到朋友的朋友又賺進大把鈔票，心生羨慕而亂了分寸，迷失自己的方向。

1. 投機希望以小博大；投資重視持續、長久的獲利

你應該有買過刮刮樂吧！多數人刮到小額獎金後，都會選擇加碼，繼續刮下去，直到歸零為止。如果從公益的角度來看，大家的善心義舉值得肯定。但每個人內心所企盼的是「夢想成真」，可以刮到一千萬、二千萬一夕致富。

而投資追求的是相對低的進場成本，合理的投資報酬率，以及高未來收益，所以累積的投資獲利又能越滾越多。當股價漲到設定的目標價時，可以選擇賣出賺取價差，或是繼續持有領股利、股息，生生不息。

2. 投機是不可控的；投資能根據自己的目標操作

記得當年在美國念書時，曾利用暑假和同學一起到拉斯維加斯賭城遊玩，那是我生平第一次上賭桌玩二十一點（blackjack）。每當莊家發牌時，我的心情既緊張

又興奮，因為一切未知、無法掌控，輸贏只能靠機率。運氣旺時拿到好牌，就能贏過莊家，但有一位好友那天偏偏走衰運，竟然一夜裡把下學期的學費全部輸光。

投資靠的是個人的紀律，有時難免會受到大環境的影響而受挫，但只要選對投資標的，懂得設定停損、停利點，大多數的投資人都有機會賺到五％～六％年化投資報酬率。買股票，需要的是穩穩賺，這樣的投資才能長長久久。

小黛的成功法則

別「偷雞不成蝕把米」，靠自己的實力賺進口袋的錢，才是最實在的！

第3章

跳出舒適圈，開啟每天一%的進步模式！

改變 9

跳出舒適圈，作逆向思考

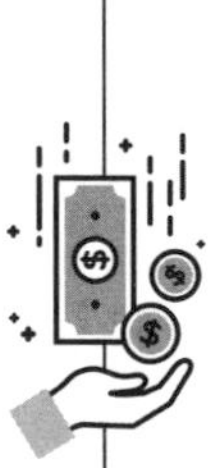

北宋詩人林逋說：「少不勤苦，老必艱辛；少能服老，老必安逸。」相信許多人跟小黛一樣也想出身富貴，最好不用吃苦受累，更不用為了生計辛苦打拚，就能衣食無缺，過著隨心所欲的日子。

然而，現實生活中，只有極少數的人是幸運兒。天底下沒有白吃的午餐，也不會憑空掉下白花花的鈔票。想要過好日子，就得靠自己的雙手努力掙來。每個人生階段都有不同的生活考驗，該學習的知識、該奮鬥的事物，唯有勤勞的付出，才能有所收穫。如果該努力的時候，選擇偷懶閒散，未來等待你的就是一條坑坑洞洞的道路。

現在偷懶，未來你就會吃苦

「別人都在努力讀書時，我每天只想到網咖打電動；別人不斷地學習新技能時，我只想在速食店兼職打工。」這是一位諮詢學員的真誠告白。也因為當初的懶散，導致他現在要比別人多吃十年的苦。年少不吃學習的苦，長大就要受貧窮的苦；春天不播種，秋天就不會有所收穫。

1. 最舒服的路，都是下坡路

小黛經常和同好一起爬山，登山時最怕遇到連續向上的陡坡，沒有好的腳力，鐵定會氣喘如牛。相反地，看到下坡路就會忘我開心地往前衝，這時只要一個不小心，可能會跌個狗吃屎。

的確，要跳脫既有的舒適圈、挑戰全新事物，你需要無比的勇氣和信心。事實上，有想法的人很多，但真正付諸行動、做出改變的人，卻是少之又少。

然而當你勇氣十足時，任何人都攔不住你。前幾天，有位好友提起，他的小女兒就快大學畢業，正猶豫究竟是要繼續攻讀碩士，還是選擇先就業。這位小女兒念的是化工科系，學校重視實作，所以這幾年從早到晚不斷地做實驗，雙手不但變得很粗糙，有時還會被化學藥劑灼傷。父母當然很心疼，希望女兒可以轉行，做點輕鬆的工作，順便找個長期飯票嫁人。但有想法的女兒認為自己可以走出一條路，主動到應用材料公司應徵實習生，希望以後朝研究路線發展，透過產學合一，加強自身的專業能力。

「不經一番寒徹骨，焉得梅花撲鼻香。」安逸生活過久了，容易消磨鬥志，讓人產生懶惰的心態。惰性成為習慣，就會失去向上的動力。一旦遇到家庭、職場中出現重大巨變，就沒有足夠的能力做出反擊。如果你選擇過安逸的生活，等於是把自己置於危險的境地；你若不努力，誰也無法給你想要的日子。

根據小黛過往數十年的經驗，通常能慢慢走且舒服走的路，都是下坡路；連續上坡雖然難走，當你堅持往前翻越山頭，這時就能登高望遠，看到不凡的風景。

2. 勇敢踏出舒適圈

《與神對話》和《與改變對話》暢銷書作者尼爾・唐納・沃許（Neale Donald Walsch）曾說過：「生活從舒適區的結束開始。」當你走出侷限的視角，以更寬廣的視野看待一切，並深入內在探索，會發現所有的改變，都是為了讓自己變得更好。

心理學家把人類對外部的認識分為三個區域：「岸邊」、「淺水區」和「深水區」。岸邊對應的是「舒適區」，對一位不會游泳的人來說，岸邊是最安全的。但海水潮起潮落，此時岸邊也可能變得不安全，如果我們沒有及時學習游泳和潛水，這時舒適區就會變得越來越小，只要遇到大浪來襲時，內心就會充滿恐懼不安。

曾經有位好同事，擁有令人稱羨的職業和身分地位。但她在四十歲時選擇轉換跑道，進入創投界。她說：「我想讓自己重新歸零、重頭開始，和年輕人一起打拼，享受每天一早醒來就開始腦力激盪的快感。我現在腦海中所想的，都是如何幫助別人創造更多的事業商機。」一開始，許多人都認為她沒事找事做。後來發現，越來越多人也和她一樣，選擇跳出原有的生活和工作模式。

為什麼呢？你應該有聽過產品週期理論吧！人也是一種商品，我們賣的是專業、工作能力和人脈關係。當你的專業能力已到達成熟期時，價值就開始下降。若此時你無法再次拉高自己的價值曲線，最快的方法就是打掉重練，創造一個全新、有賣點的商品。

只有懶散的人，才會想永遠待在舒適圈，不想改變自己，也沒有追求夢想的欲望。所以，你要勇敢跨出圈圈，活出自己想要的樣子。

運用減法，創造高效能的本事

不論在工作上或生活中，為什麼我們總是陷入「低效努力」，越忙越窮呢？現代社會中，忙碌加班幾乎已成為常態，甚至有些人以高強度、長時間的工作為榮，因為他們認為，透過這樣的努力，才能走上人生巔峰。但事實並非如此。

1. 勤奮不保證將來能夠成功

股神巴菲特、微軟創始人之一的比爾・蓋茲、亞馬遜公司創辦人傑夫・貝佐斯，這些全球億萬富翁們的財產，是普通人的數萬倍，難道他們比一般人多努力幾萬倍嗎？當然不可能。

人的成就，除了和能力、勤奮有關，更取決於你所處的環境和地位。同樣能力的上班族，在不同的公司服務，其所創造的價值可能有天壤之別。

相信你身邊一定有類似的案例，能力不見得比你出色，卻因為身處的行業、公司、位置，而成就斐然，讓你既羨慕又嫉妒。所以，要選擇一個高價值的位置，你的能力和付出才會被放大。

但到底哪一種才算是高價值位置？

第一種：處在高速成長的行業

前文提到那位決定轉戰到創投業的女同事，就是最佳例子。她選擇在創新的領域裡，扮演關鍵人的角色，她的價值當然就能被放大。

第二種：身為領頭羊的位置

任何一種產品，你通常只會記住市場上第一、第二的領先品牌吧！尤其是現在網際網路發達，行銷進入戰國時代，如果你無法站在風口上取得大聲量，很快就會遭到淘汰。**強者恆強，強者才能持續獲得更多的資源，做出更好的產品、服務。這就是一種「強循環」。**

我從小就有點小聰明，懂得看人臉色，知道如何觀察周遭事物變化，並選擇自己喜歡和最有利的事情做。從國外研究所畢業回台後，我就告訴自己要進入知名外商工作，將來比較有機會往上發展。

因此，我的第一份工作是擔任外商總經理特助，除了跟著老闆全台四處視察業務、拜訪客戶、參加內外重要會議外，還要了解公司的營運狀況。平日和各部門主管保持良好的互動，大家互通有無。外國主管來台視察業務或拜訪經銷商時，我也要陪同，負責翻譯。這些看似瑣碎的雜務，讓我養成快速的組織能力與溝通技巧。經過多方面的接觸與學習，我發現，雖然自己學的是財務管理，但我更喜歡與人交流、聊天。於是我開始愛上行銷、業務工作，也能接受挑戰，並享受達成目標的成就感。

當好機會來臨時，我義無反顧地轉進行銷業務領域。在當時，「行銷人」聽起來很酷、很不錯，尤其是身處於大型外商金融企業，同儕們各個都是菁英人才。公司有充足預算，讓我們大展身手，全力往前衝，所以不怕沒事做，只怕做不好、達不到目標。

但年輕人要如何發現好機會，並站在浪頭上的位置，讓自己的努力和付出能夠事半功倍呢？

首先，你要找到「高價值領域」。不同行業有不同的發展潛力和前景，好機會往往存在於新興領域，例如現在最熱門的數位科技、大數據分析、人工智慧或通訊業等。所以，當孩子很有抱負地跟爸媽說：「將來我想成為一位平面設計師」，這時身為父母可能要開始擔心，孩子未來的職涯發展是否順遂。

接著，要抓住對的機會才能成功。高價值的位置往往競爭非常激烈，早期進入並獲得成就的人，通常已累積相當豐富的經驗；後起之秀則必須花費更多的創意和努力，才有可能取得一席之地。因此，當你找到一個高價值的領域，請先觀察一下，切勿躁進，因為要讓自己變得更優秀、更專業，必須先經過鍛打、淬火提煉的過程。再來，你需要評估自身的能力優勢，以及在哪方面有機會異軍突起。這些都是必經的增值歷程，每位光鮮亮麗的成功者，背後都有著嘔心瀝血的奮鬥故事。

2. 善用手上的資源

許多年輕人受限於經驗和閱歷不足，不太清楚哪一個行業具有潛力，也不知道自己該往哪一個方向走。在此提供一個真心的建議：「在職場上找一位你的偶像，學習他的專業和做人做事態度。接著，先在小組織裡努力做到最好，成為領頭羊。」這時你可以有較多的機會和資源來鍛鍊自己的能力，位居領頭羊的地位，能夠讓你接觸更多的人事物，擁有更廣闊的視野，能看到更多的機會。

在傳統組織裡，有時過於強調個人天賦，這讓許多人以為只要夠聰明、夠勤奮，就能獲得成功。然而，現實環境中，只憑聰明、努力根本是不夠的，**選擇對我們最有「利」的道路，才是成功的關鍵。也就是說，決定一個人的成就高低，關鍵**

在於選擇。「選擇比努力更重要」，選對了，事半功倍；選擇錯誤，事倍功半，甚至徒勞無功。

培養戰略性思考

當我們面對高強度工作時，巨大壓力常讓我們精疲力盡，哪來的時間策略思考。若是抱持這種思維，很容易掉入「低效努力」的陷阱裡。

美國哈佛大學經濟學家塞德希爾・穆來納森（Sendhil Mullainathan）出版的暢銷書《稀缺》，是《快思慢想》作者丹尼爾・康納曼（Daniel Kahneman）最推崇的行為經濟學力作。穆來納森曾提出一個認知上的「管窺效應」，意指當我們面對短期壓力時，注意力會窄化，目光變得短淺，只顧眼前的事情，反而忽視整體和長期的利益。因此資源缺乏，會導致無法處理眼前的問題，出現「管窺效應」。而「稀缺」是指無形的資源缺乏，或是時間和金錢等具體事物。

現實生活中，大家都有類似的經驗，例如明天就要結案，所以今天從早到晚都在趕專案報告；或是下星期一要期中考，今天才開始臨時抱佛腳。這時，我們會把注意力集中在最迫切的事情上，至於其他的問題，就只能先擱著，等有時間再來處理。

一個人如果經常碰到資源匱乏的問題，會無法仔細思考自己的未來，最後會變成「窮忙」，也就是越窮越忙、越忙越窮。為了避免讓自己陷入「稀缺」的陷阱裡，我們要學習運籌帷幄，善用周遭有形和無形資源。套用《孫子兵法》裡所說的「謀攻戰略」，利用謀略，不戰而屈人之兵，即便手中的資源有限，也能取得最後的勝利。

現代年輕人面臨的現況是，太多資訊和選擇讓人眼花撩亂，看似商機卻又陷阱重重。但如果想要衝出自己的成功道路，只能跳出舒適圈，挑最難的路走，選擇對自己最有利的道路前進。逆向思考，並善用手中有限的資源，唯有如此，才能培養出你的真本事！

改變 10

你的優勢是什麼？找出自己的核心競爭力

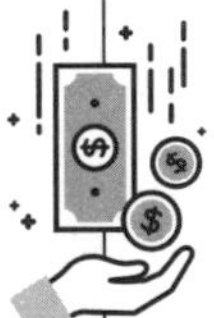

小黛身兼104人力銀行職涯諮詢顧問，許多上班族這麼問：「我一畢業就從事會計工作，幾年下來感到倦怠疲乏，很想換個環境，做點不一樣的事，但又不知道該往哪個方向走。聽說，現在網路行銷工作發展前景不錯，雖然薪水可能比現在少，我是否應該試試看？」

我的直覺反應是：「會計和網路行銷，這兩種職務所需要的工作技能南轅北轍。你了解網路行銷每天的實際工作內容嗎？或是你已開始學習數位媒體的相關知識？」

轉換到另一個完全不熟悉的領域，你等於是個新人，必須重頭開始學起。除了薪水會被打折外，萬一工作內容和你想像的有所差距，這時想再吃回頭草，恐怕連機會也沒了。

一個人能找到學以致用的工作，那是最棒的狀態。假如無法從事自己最在行的工作，至少也要確定你有快速的學習能力。天底下沒有一項工作是錢多又事少，市場上好的職缺，早就被那些既聰明、具備專業又勤勞的人捷足先登，**如果你沒有特別的優勢，就請先蹲好你的馬步**。

很多上班族經常抱怨工作內容千篇一律。我相信你一定聽過：「簡單的事情重複做，就能成為專家；重複的事情用心做，就能成為贏家。」因此當你尚未成為專家，就很難成為一位贏家。

蹲好馬步，練就工作的基本功

每個行業都有一些基本的專業門檻。例如，會計人員必須懂得做帳和製作財務報表；業務人員必須了解產品知識，並懂得抓住客戶需求；理財專員必須熟稔投資理財商品和操作技巧，這些就是所謂的工作基本功。

小黛長年服務於金融產業，必須具備高度的金融專業知識，包括產品規格、行銷業務管理準則、行政流程、法律遵循、文宣品內容限制等。除此之外，還必須熟悉金融產業常用的專有名詞，例如與投資相關的每股盈餘、PE值、K線、均線；與保險相關的費用率、死亡率、新契約價值、價值準備金；或是與行銷業務相關的再行銷、客戶關係管理（CRM）、廣告回報率、引擎優化等。

練好這些基本功，只能確保我可以在金融領域繼續生存。但如果想要更上一層樓，還要學習更多的管理知識，並累積領導團隊的經驗。

幾個月前，某位學員很興奮地用Line傳訊息給小黛：「老師，我終於離開職場，選擇自己創業。我要運用自媒體打造個人品牌，成為一位職涯教練，指導別人如何準備中英文面試，選擇一份好的工作。」

當然，祝福她的選擇，並鼓勵她要堅持朝自己的目標前進；相對地，我也有點擔心，她的總工作年資不到八年，而且只做過單一的人資工作，若想成為一位收費的職涯教練，可運用的資歷和經驗恐怕稍嫌不足。

所以，小黛建議她先從基本的面試教學開始做起，邊做邊學邊調整策略。畢竟，自己創業必須承擔所有風險，只有面對現實的壓力，才能了解並掌握自己的優劣勢。

核心競爭力是勝出的關鍵

朋友的兒子從大學畢業後，為了就業問題，選擇留在台北發展，好不容易找到工作，但微薄的薪水，讓他只能選擇在新北市租個小套房。每天耗費超過兩個小時通勤，為了善加運用通勤時間，他會用手機聽新聞、學英文、學習新知識。他說：「時間就是金錢。」但根據我的觀察，有更多的上班族選擇在捷運車廂裡睡覺補眠、追劇、放空、消磨時間。

大學畢業後的第一個五年，通常是工作啟蒙的關鍵階段。不論你在學校表現有多優秀，進入職場後，又是截然不同的競技場。大家比的是專業能力、耐力和做人的軟實力。在此時期，若你無法適應公司環境、無法在工作上有優異的表現，最好盡快轉換跑道，找到一個可讓你發揮所長的場域。

許多新鮮人在此時，常犯下一個共通的毛病，因為口袋裡沒多少錢，只好追求生活上的小確幸。一到假日，不是和朋友到處吃喝玩樂打卡，就是宅在家裡睡覺，彌補平常加班的睡眠不足。

我的牙醫師曾與我分享，大學畢業後為了專研植牙技術，他把全部積蓄拿來支付到日本留學的費用。等到學成回國後，先在知名牙醫診所駐診，如今他的收入，已是當年付出學費的好幾倍。

投資理財專家常提到：「理財的前提是要先累積一筆『財』，當你起跑得越早，技術越精準，就越容易賺到錢。」所以，在工作上的成功關鍵，在於你要有相當的「才」氣，能力越強，本事越大，事業就越容易成功。

接下來的十年，是人生的黃金年，也是你要努力向上爬的階段。這段時期所累積的專業技能、實戰經驗、人脈拓展，都將為你帶來更多的價值。而這些價值，遠比幾千元的加薪更重要。

堅持把事情做到極致

我的父親是公務員，因為平常習慣寫簽呈，所以堅持寫字一定要工整，猶如印刷字體般。想要學習他的簽名樣式，真得要花費好大的功夫。國中時，曾因期中考成績太差，偷偷模仿父親的簽名。

還記得自己先用宣紙描繪父親的簽名字樣，再慢慢地用原子筆拓印到成績單上。簽完後，還特地拿給哥哥們看是否有破綻。當然，最後還是被老師拆穿，因為父親寫的字已達到極致境界，並非一般人可模仿。

當我看到優秀的人比我還要勤奮，資深的同事比我還要認真時，我就會自慚形穢。其實，小黛年輕時也和你們一樣，換了許多家公司，但唯一不變的是，我選擇在行銷業務領域深耕。

這個選擇讓我可以累積同領域的經驗，越做越熟練，知識越來越豐富，技術越來越精準。現在，如果有人委託我行銷漢堡、3C產品，或是汽車洋房，我相信都能很快上手，並做出漂亮成績，因為我已經累積近三十載的行銷業務實戰經驗。

每個人都想快速成功，迅速賺錢累積財富。在此小黛由衷建議：「如果想要賺錢，就得先練就賺錢的方法和本事；如果想要快速累積財富，就得先讓自己變得很值錢。」

小黛的成功法則

你獨有的別人永遠偷不走；把自己最在行的做好、做滿，你就是最強大的！

改變11

管理好自己就成功了一半

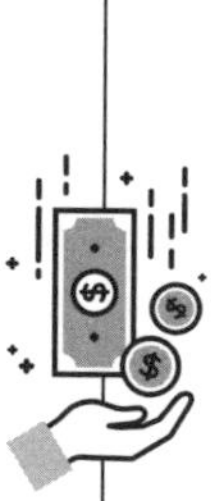

人最大的敵人，往往是自己。年輕時，不太能理解這句話的道理，直到工作幾年後，才逐漸體會到這句話的含意。許多剛步入職場的年輕人，因為缺乏明確的目標，一旦在工作中遭遇挫折，很容易選擇放棄、離職；再加上未能妥善管理時間和生活，致使轉換工作後，在經驗及職涯發展上難以銜接。

事實上，一個人想活出什麼樣的人生，關鍵在於自己。究竟是要過得平庸，還是有所成就，端視你平時是否管理好自己。許多參加小黛課程的年輕學員，他們經常說不知道自己要做什麼、該怎麼做。通常，我的建議是：「養成好習慣，練好基本功，並管理好自己，才有能力一路衝刺到成功的終點。」

培養3大自我管理的好習慣

如果你應付不了現在的工作和生活，別只會抱怨，先反思你的日常行為中是否有改進的空間，再來培養以下三大自我管理的好習慣，成為更好的自己！

1. 養成「學習」習慣

這是一個終身學習的時代，知識成為經濟發展的主流，誰能掌握知識，就能主導全局。機會與命運的改變，在於能否具備優質的知識力。因此，有效率、有計畫的吸收及管理新知識，成為現代人必備的基本能力。

現今的學習環境豐富多元，各種實體與虛擬的進修管道十分普及。在知識爆炸的時代中，「學習如何學習」，在有限的時間中學習重要且需要的知識，更是每個人都必須思考、身體力行。

吸收新知的方法之一，是保持每天閱讀習慣。若經常閱讀，在潛移默化中能夠滋養我們的心靈，形塑出不同的氣質。如果每天晚上下班後或就寢前，空出二十到三十分鐘看看書，養成閱讀的好習慣，久而久之，就會發現自己的見識和談吐不一樣了。週末假日在家閒得發慌時，可別只是滑手機追劇、看電影、打電玩，多看書吸收新知充實自己，是很重要的。

你也可以選擇學習新領域，培養新的興趣和嗜好，例如學習繪畫、做木工、練毛筆字、學料理或烘焙等，這些都是投資自己的好方法。

2. 養成「持之以恆」習慣

相信大家都參加過二十一天、三十天、一百天的挑戰活動，目的都是希望透過這樣的過程和持續行動，建立起某一種習慣。心理學家馬個茲（Maxwell Maltz）在自己的著作《心理控制理論》中，提出「養成習慣至少需要二十一天」，也就是說，無論是想要培養好習慣，或改掉壞習慣，並使其成為生活的一部分，至少需要二十一天。

在工作和生活中，要學會堅持做好每一件事，即使是一件微不足道的小事，堅持做好並持續不間斷，就會慢慢養成一種持之以恆的習慣。只有把小事做好，才能成就大事，凡事起頭難，所以可以先從簡單的事開始做。

放棄是人之常情，畢竟時間是難熬的，如果在放棄前，先想一下熬過之後可以看見什麼不同的風景，或是會有什麼樣的驚喜等著你，就越能堅持下去。通常等待越久，得到的果實就越甜美，難道你不想嚐嚐甜美的果實嗎？

曾有個故事說，有個人在沙漠中口渴想要掘井，結果每次都挖到一半就放棄，又換另一個地方挖，最後終於渴死了。被人發現時，他已經挖了十口井，但是每口井都只差不到一尺就有湧泉。

有耐心堅持熬過去，確實不簡單，而要撐過這段令人喪氣的時期更是難上加難。然而，只要用意志力撐過難關並堅持到最後，你就進入另一個層級。待在新層級的人，肯定比之前所處的層級更厲害，從中學習和修煉，便能更上一層樓。當你越往高層晉升人就越少，但高手就越多，久而久之你也能成為其中的高手。

3. 養成「理財」習慣

現代年輕人因房價高漲，買不起房，於是追求小確幸，重視消費甚於理財，有的人甚至成天只想著吃喝玩樂，過安逸的生活。

事實上，人在窮的時候，更需要養成理財習慣，每一分錢都得精打細算，將有限的錢花在刀口上，千萬別輕易糟蹋辛苦掙來的錢。當有了一定經濟基礎時，就要用錢幫助自己增值，例如充實工作專業技能、提升語文能力，或是為自己買一、兩套可展現專業度的套裝與西裝。當經濟比較寬裕後，更要精進財富管理，讓錢幫你賺進更多的錢。

坦白說，以前的我也很愛買，但現在的我則是後悔買太多。由於我過去曾任職於金融圈，尤其是身處大型外商公司，通常都非常注重門面，把錢花在行頭、交際應酬、奢侈消費品的比例很高。但事實上，根據我多年觀察，真正的富人既不會裝闊，更不愛炫富，大多數都過著低調、簡單的生活。

一些著名的億萬富翁在生活上很節儉。股神巴菲特身家超過七百億美元，身為億萬富翁的他，每天早上自己開車上班，未聘用司機，並在附近的麥當勞順便買早餐。巴菲特曾表示，他從未渴望擁有多間房屋、多輛車和各種名牌貨，他唯一的奢侈品就是私人飛機，因為能為他節省很多旅行時間。

身價上千億台幣的鴻海董事長郭台銘，常說自己是「黑手起家」，生活很樸實，不太追求物質享受，例如他最常吃的是米粉、水餃、滷肉飯等市井小吃，而非山珍海味。他同樣也花錢購買私人專機，目的是為了節省時間。可見，富人的思維是時間等於金錢。

因此，建議年輕人好好檢視自己的消費及理財習慣，雖然我們無法再次投胎成為富二代，但只要肯努力，將來就有機會讓自己成為富一代。

管理好自己，成就更好的自我

人無法選擇自己的出身家庭，但可以靠自己的意志來改變生活。只要管理好自己，清楚知道未來的目標，並置身於可以影響自己、朝目標方向前進的人事物當中，自然而然就能朝理想邁進一步。

德蕾莎修女曾說過以下這段發人深省的話：「請注意你的思考，因為你的思考終會成為你的語言；請注意你的語言，因為你的語言終會成為你的行為；請注意你的行為，因為你的行為終會成為你的習慣；請注意你的習慣，因為你的習慣終會成為你的個性；請注意你的個性，因為你的個性終會成為你的命運。」

平時不自覺中表現出來的言行，每天一點一滴累積，長時間下來，將會左右自己的人生。而這些微不足道的日常言行，都可以靠自己的意志去改變。也就是說，我們可以靠自我管理的力量來扭轉人生。

小黛的成功法則

以終為始，每天多一點學習，就能看見改變與成長！

改變12

你的內心強大嗎？懂得鍛鍊也要懂得紓壓

近年來，許多心理學名詞成為台灣社會的流行用語。例如「內在小孩」，它源自於心理學宗師卡爾・榮格（Carl Jung）在一九四〇年的著作《兒童原型心理學》。直到一九六三年另一名心理學家米西迪（W. Hugh Missildine），在其著作《探索你內心的往日幼童》裡，再次使用「內在小孩」來描述從小內心情感的累積，是如何影響長大後的行為表現。

不要將怯弱推給「內在小孩」

根據米西迪的說法，人在孩童時代，只能倚賴大人，所有情感經驗在內心累積、凝聚，形成一個「內在小孩」。成年後，「內在小孩」並不會消失，仍時時刻刻產生影響。

「內在小孩」理論興起後，正面的效應是，讓許多人找到自己情緒失控、不安的緣由，得以與自己和解；負面的效應則是，若干人將自己的怯弱、懶散、不思進取，推託給「內在小孩」。

在大型國際賽事中，有些選手、球隊總是先盛後衰，越是關鍵的比賽，越容易失常。如果比賽一開始就落後，選手們很容易自暴自棄，以慘敗收場；縱使一開始領先，也難以守成，最後屢屢遭逆轉而落敗。為何如此，通常不是技不如人，而是心理素質不如人。

因此，縱使每個人心裡都有個愛耍賴、膽小怕事的「內在小孩」，但絕非拿來逃避、退縮的藉口。我們從新世代運動員身上看見，心理素質絕非天生使然，而是可以透過意志的鍛鍊，培養成「內在巨人」。**當你身陷困局、危局中，應以「內在巨人」對戰，而非受「內在小孩」擺佈**，選擇怯戰，甚至臨陣脫逃。

鍛鍊意志、體魄，還要懂得紓壓

想培養「內在巨人」，就必須同時鍛鍊意志、體魄，缺一不可。以鍛鍊意志而言，在我童年時，父親的教育方式相當嚴謹，讓我早已習慣挫折，練就從失敗中求取成功的鬥志。雖然有人批評我：「這個女孩很倔強」，但我不以為意，反將批評的話語視為另類的讚美。

進入職場後，我長期擔任行銷業務、事業開發工作，吃閉門羹、提案被拒絕是家常便飯，但我絲毫不以為意，更不會因此喪志。我經常鼓勵業務同仁，在一百個客戶的提案中，只要有一個客戶 say yes，你就成功了。昔日，曾有位主管對我說：「我覺得你非常棒，當別人對你 say no，你總是笑笑的，而且還跟對方說謝謝！」那是因為我一直認為：去試，就對了。如果連試都不願意，就毫無成功的機會。

當然，**我們不是機器人，我們追求的是堅強而非逞強，自己要找到宣洩情緒、紓解壓力的管道，只要不傷害到他人，適合自己的方式都可以。**當壓力過大沒有適時宣洩，某天就會像水壩潰堤一樣，一發不可收拾。我的壓力和情緒紓解方式很另類，是透過彈鋼琴，讓自己的情感、情緒由指尖散出，變成一曲又一曲的悠揚音樂。

此外，鍛鍊出強健的體魄，亦是鍛鍊堅強意志不可或缺的一環；倘若身體孱弱，想咬緊牙根衝破橫逆，都將有心無力，最終必將功敗垂成。對我來說，運動也是平衡身心的重要活動，我喜歡的運動也屬另類，是一對一拳擊，非常刺激有趣，不僅可以健身、減重，還能讓我充滿活力，堪稱一舉數得。

這些成功名人，遇到難關仍意志堅強

許多國內外知名企業家都有堅強的內在，與剛毅不可奪其志的個性。我很佩服的兩位企業家，一位是蘋果公司創辦人賈伯斯，和前 Yahoo 奇摩台灣區總經理鄒開蓮女士。

賈伯斯是許多企業家、創意者的偶像，豐功偉業不計其數，被譽為ＩＣＴ（註）產品的美學宗師。但他的生涯、職涯起伏跌宕，如果沒有過人的意志力，早就一蹶不振，更無法引領全球ＩＣＴ產業的新浪潮。

深信意志力量可以改變現實的賈伯斯，智商雖高，童年時卻不適應學校的學習方式，歷經曲折的摸索後，才確定自己的志趣。他雖是Apple的創辦人之一，但在一九八五年時，卻被迫離職；之後，靠著皮克斯動畫作品大獲成功，再度躍居媒體寵兒，並「鳳還巢」，擔任Apple執行長，帶動Apple手機、平板、應用程式的流行趨勢。

換成其他人，遭遇同樣的挫折，可能早已丟盔棄甲、不願再戰，賈伯斯卻憑藉著過人的意志力，挺過一個又一個難關，創造無數的傳奇。

註：ＩＣＴ為Information and Communication Technology的縮寫，指「資訊與通信科技」。

另一位企業家鄒開蓮女士亦是如此，從MTV中文台總經理轉戰Yahoo奇摩台灣區總經理時，對網路產業所知有限，而科技業又是男性主導的產業，其艱困可見一般。她摒除各種雜訊，努力學習網路產業的一切，最後成功帶領Yahoo奇摩台灣，晉升為Yahoo亞太區中心，先前的批評都轉為讚美。鄒開蓮勇闖網路資訊，更鼓勵許多女性投身科技產業，成就不讓鬚眉。

最後，我必須強調，如果沒有足夠的財富，再怎麼鍛鍊意志、體魄，都可能被現實的困境打倒。孟子所言：「有恆產者有恆心，無恆產者無恆心」，實為萬年不變的至理，一文錢逼死英雄，巧婦難為無米之炊。因此，首要是學會理財，先壯大自己的荷包，再談壯大意志、體魄，否則一切都將是空談！

改變13

堅持「一・〇一法則」，沒有進步就是退步

多年前，有一位日本的小學校長，於所執教的學校內，張貼了一張告示。告示上的文字大意為：「你今日的實力若為一，只要每天進步一%，一年之後，你的實力將高達約三七・八。相反地，倘若你每天都退步一%，一年之後，你的實力將萎縮至〇・〇三。」

這個告示的內容，其實就是暢銷書《原子習慣》中所提到的「一・〇一」與「〇・九九」法則。**每天進步一%，與每天退步一%，聽起來都微不足道，但經過一年三百六十五天後，竟相差高達一千兩百六十倍**。

如果你選擇每天進步一%，一年後就是三十七・八；如果你選擇不進不退，一

年後仍然是一；如果你鬆懈、懶散，每天退步一％卻不以為意，一年後就只剩下〇・〇三。多數的成功者並未付出兩倍、三倍的努力，畢竟每個人的一天，都是二十四小時，且體力有限，他只是多了一％的努力。

每天持續努力，並一以貫之

然而，大多數成功者之所以成功，除了運氣較佳、貴人相助，更在於努力持之以恆，善於利用碎片時間，學習新知識、新技能，且善於審時度勢、運用省時省力的方法。簡言之，懂得聰明學習和「抬頭苦幹」，而非一味「埋頭苦幹」。

先談持之以恆，如果你一心擠進「贏者圈」，卻不願努力，最終仍將一事無成。假使，有個人一暴一寒（努力一天、鬆懈一天），自認遠勝於一暴十寒（努力一天、鬆懈十天）者。於是第一天進步了一％，實力成長至一・〇一，第二天卻退步一％，實力倒退至〇・九九。長期下來，實力仍不斷萎縮，只是下滑速度較慢而已！

每天進步一%，看似簡單，但要終生畢以貫之，需要過人的毅力與恆心。以我自己為例，從過去到現在，我總是把自己「投進」不得不進步的環境，逼迫自己持續成長。大學時，我選讀經濟系，到美國留學時，主修財務。從美國返回台灣後，堅持到外商公司上班；因為在外商公司，必須經常接觸外籍主管，這樣才能維持英文聽、說、讀、寫能力，甚至還可持續進步。

產業潮流不斷推陳出新，為讓自己跟得上潮流，我設定每五到十年，就要學習一項新技能，迄今依然不變。現在，我雖已年過五旬，仍努力學習科技行銷（MarTech）相關知識、技術，提前布局未來，才能免於被時代淘汰。

把握人生黃金期，學習行銷、業務

再論「抬頭苦幹」，在我的職涯初期，曾有一位主管勉勵我：「如果想要往上爬，就要朝著行銷業務、事業開發之路，才能快速晉升。」的確，我觀察多數企業總經理，都曾擔任過行銷業務、事業開發職務，因為這類型的工作必須腦筋動得快，熟稔市場趨勢、客戶需求，才能為企業帶來業績、利潤。

畢竟，企業能夠存活、茁壯得靠穩定的利潤，而可直接帶來利潤的人才，是企業的骨幹；其他職位縱使再認真、努力，升遷速度仍無法與之相比，更難以晉升至「金字塔的頂端」。我聽從這位主管的建議，此後便一路深耕行銷業務、事業開發領域，目標是成為行銷長、通路長，接下來就有機會邁向總經理大位。

因此，青年世代一定要把握機會，讓自己有行銷、業務的歷練，否則你的未來會走得比較辛苦。行銷業務範圍包羅萬象，涵蓋產品與服務的規劃、開發、廣告、公關、促銷、新事業開發等，經常被要求在有限的資源發揮最大效益，甚至必須「化不可能為可能」，所以可以學到最多、最廣的實戰經驗，不成長也難，否則根本無法存活。

事實上，台灣半導體產業教父、台積電前董事長張忠謀，見解亦同。他曾公開說過：「許多科技公司都輕視 Sales & Marketing，以為技術最重要，但沒有業務員、你根本沒生意，不會獲利，根本活不了。」

於是，在他掌舵台積電時，力行「高階主管輪調制」，即使是財務、研發主管，都可能被調派至業務、行銷部門，擴大他們的學習面向。透過「高階主管輪調制」，台積電得以培育全方位的高階人才，迄今長盛不衰，且仍持續茁壯中。

養成閱讀習慣，擴大視野

現實中，並非每個人都能夠在企業中經歷不同性質的職位，得到擴大視野、增加技能的機會，但廣泛閱讀不同類型的書籍，可適度彌補此缺憾。微軟創辦人蓋茲、臉書創辦人祖克伯（Mark Zuckerberg），與公認的「鋼鐵人」原型，也是身兼SpaceX、特斯拉汽車、PayPal等企業共同創辦人的馬斯克（Elon Musk），皆堪稱「書蟲」級的閱讀者。

這些超級企業家雖然忙碌，但閱讀量依然超越常人，且未曾間斷。據稱，巴菲特每天至少讀書六百頁。祖克伯規定自己每兩個星期就得讀完一本書。以寫程式起家的馬斯克，更是靠著閱讀專業書籍，學會如何打造火箭！持續閱讀好書，應該是他們繼續保持競爭力的關鍵。

比爾蓋茲不僅愛讀書，更樂於分享讀書心得，他每次公佈的推薦書單，更是媒體文化版面的盛事。他總是鼓勵年輕人，每天至少抽出一小時閱讀，並隨時記錄心得；而且好書不能只讀一半，因為精華通常都在書的後半部！

執行「一．〇一法則」，應從現在開始，越早開始效果越顯著！不要再推託、找藉口，如此你才能遠離「〇．九九法則」的負循環。只要堅持「一．〇一法則」一段時日後，你一定會親身感受到成長，如同複利加乘效果般快速。從此，你的生活、職涯道路就會從羊腸小徑，轉換為康莊大道，甚至是快速道路、高速公路！

小黛的成功法則

今天的一小步，成就未來的一大步，成功的關鍵在於堅持和行動力；只要願意往前走，總有抵達終點的一天！

NOTE

第4章

學6個致富原子習慣，趁早畫好「有錢人藍圖」

改變 14

致富原子習慣1：接受不平等，養成「正面能量好習慣」

脫貧是一條漫長且艱辛的路，尤其在新冠疫情席捲下，導致全球經濟衰退，失業、停工、業績下滑，貧窮問題日益惡化。值此之際，許多畢業學子面臨償還學貸、找不到工作、低薪等沉重負擔……苦日子過久了，容易讓人喪志，年輕世代到底該如何面對這些艱難挑戰？

肯努力不怕艱辛，破除貧困魔咒

面對貧窮，有些人束手無策，但有些人選擇勇敢面對，立志要擺脫貧困、擁有財富，因為不希望被貧窮絆住自己和下一代的未來。現年二十四歲的阿忠，是我的學生，因為家庭經濟困境，他在國中畢業後選擇就讀中正預校。軍事的磨練，讓他更早看清社會現實面——沒錢、沒勢，一切都甭談！

中正預校畢業後，阿忠念了一年的軍校，不合理的學長制讓他決定休學。於是，他開始到處打工，十七歲開始自學做起外匯投資，存到人生第一桶金。我問他為什麼這麼拚命賺錢，阿忠說：「就是想要脫貧，我現在必須負擔整個家族的生活費用，並幫忙償還債務。」因為提前接受社會洗禮，阿忠深刻體會到，有價值的人脈有助於他開創商機。

如今，阿忠和念餐飲的弟弟合開三間便當店，另與友人合資開設五間自有品牌的飲料店；同時也抓住健身商機，結盟南部地區的教練們賣起健身餐飲。相較於其他同齡的年輕人，阿忠顯得非常早熟，而且腦袋靈活，有想法又有執行力，知道如何找資源。

他的便當店大多開設在科學園區附近，於是結識許多園區工程師、企業高層主管。他透過直銷組織的概念，串聯自由健身教練的網絡，賣起健康食品。為擴展自己的事業版圖，他到處上課，學習商業經營知識，他甚至告訴我：「小黛老師，我希望未來能讓自己的公司上櫃、上市」，好有野心的年輕人！

雖然阿忠還有一段很長的路要走，才能到達成功的彼岸。但他有強烈的動機、企圖心，有具體的事業目標，而且不斷地學習，並運用各種方法。更重要的是，他的野心夠大，成功的機率就會更高。

追求贏在終點，而非起跑點

阿忠的勵志故事，帶給我們省思，想要脫離窮二代的困境，必須先學習脫貧的關鍵思維。

1. 接受現實，勇於承擔

每個人都想成為俊男美女，或是家財萬貫的大富翁，但人生不如意十之八九，當幸運之神總是忘了關照你，你就要認清事實。只有願意接受現實，才有能力尋求協助，並改變現狀。英雄不怕出身低，只怕你永遠龜縮、躲在暗處裡。手上沒有資源，就自己去找；一人做不來，就集結眾人力量，一起創造新局。

2. 輸贏決戰在終點線

所謂早摘的瓜不甜。從小得天獨厚、備受呵護的人，長大後的表現通常是平庸的，因為取得太容易，所以不懂得珍惜，也不會精進學習。為什麼有些人身為富二代，生活無虞卻鬱鬱寡歡？這些人明明贏在人生起跑點，不是應該比別人更快樂嗎？很明顯地，輸贏的關鍵，已不再取決於起跑點，而是終點線。不到最後一刻，勝負難定。

3. 跳出制式框架，創造自己的富足人生

脫貧致富的故事，總能吸引眾人的目光。阿忠的故事說明了一件事：「我們無法選擇自己的出身，但我們可以創造未來的人生。」倘若父母無法提供優渥的生活條件，請不要抱怨，更別氣餒，因為你還有很多機會翻轉自己的人生。

假如你現在只是一位平凡的上班族，請別小看自己，趁年輕時多利用各種機會，充實相關商業知識、專業技能。如果你選擇自行創業，更要好好運用手中的人脈與資源，讓自己成為一%的創業存活者。

想要有所得，就要從改變開始。跳出制式框架改寫成功的定義，翻轉你的致富思維，如此才有動力創造自己的富足人生。

改變 15

致富原子習慣 2：有紀律地維持「吸金好習慣」

先養成 3 大生活好習慣

誰說年輕人只會吃喝玩樂、愛耍廢？誰說七、八年級生就是草莓族，一壓就爛，無法承擔重責大任？事實上，許多新生代的青年對現實環境感到不滿，希望能透過自身努力來改變現狀，讓自己早日脫離低薪、窮酸的困境。同時，他們也願意向有錢人看齊，學習致富之道。

1. 每天早起

對年輕人而言，早起應該是比登天還難吧！沒關係，萬事起頭難。有了第一次早起，就會有第二次、第三次，持之以恆，慢慢把早起習慣變成日常生活的一部分。

我的早起習慣是被生活所逼出來的。結婚後，我與先生搬到關渡。為了避開大度路早上會塞車的尖峰時段，我必須在六點三十分前出門，約七點三十分左右抵達辦公室。我總是第一位到辦公室，當時唯一會和我搶頭香的是英國籍老闆。大多數的老外主管都很早上班，所以他對我印象非常深刻。

有了孩子後，更要早起做準備。除了先打理好自己外，還要準備早餐、送小孩上幼兒園，接著就直接到公司。以前到國外出差時，我也會刻意搭乘最早班機，旅客較少，可以享受片刻的寧靜。直到現在，即使不必再進公司上班，我照樣維持早起習慣。早起讓我充滿能量，保持清晰的思路，我可以利用這段時間做規劃、寫文章，條列未來幾天的行程表。

曾有位上市公司老闆與我分享如何養成早起習慣：「我們幾位朋友相約早上一

起打球，剛開始我還會推拖，但朋友堅持開車來接我。於是，我請老婆每天早上五點三十分一定要叫醒我。兩、三個星期後，時間一到，我就會自動醒來。」「為了早起，前一晚我會早點上床睡覺，現在整個人的精神、氣色變得更好。」

還有一種訓練方式是，睡前給自己一個積極的心理暗示，明天有重要事情待處理，這時往往不用鬧鐘，自己就會自動醒來。

2. 養成定期閱讀習慣

多數成功企業家每天日理萬機，晚上還要忙於社交應酬，回到家早已疲憊不堪，所以早上是最好的閱讀時間。他們喜歡不受干擾，一個人安靜思考，利用晨間時光閱讀、看報、聽新聞。有些富豪的學歷不高，像是大家熟知的香港首富李嘉誠就是典型例子；全球最大汽車玻璃製造商福耀集團創辦人曹德旺董事長，也因為家境貧窮，從小就失學。

他們透過自我學習，除了財經類書籍、雜誌外，據說這些富豪們最喜歡閱讀名人傳記、成功經理人的管理哲學。例如，鴻海科技集團創辦人郭台銘就曾表示，他奉前奇異（GE）執行長傑克・威爾遜（Jack Welch）的管理哲學為圭臬。

3. 每天找時間運動

運動可增強體力、促進新陳代謝，保持身體健康、維持體態，還能讓頭腦煥然一新。沒有健康的身體，即使擁有再成功的事業、再多的錢，只是留給後代子孫爽花，對你毫無意義。不論是慢跑、有氧運動、打球、登山或重量訓練，任何一種運動都好，最重要的是定期定量且持續不斷。

許多大型企業為了提倡運動風氣，老闆會身先士卒，帶領員工利用假日騎單車，或組隊參加三鐵競賽，目的就是希望員工能擁有強健體魄。同時藉由運動，員工可以學習運動家精神，和團隊合作、公平競爭態度，這些都有助於工作上的表現。

我的兩個兒子從小就喜歡運動，不論是足球、游泳，只要能增強體魄，我都全力支持，聘請教練指導技巧，或是讓他們加入社團，訓練團隊合作精神。長大後，大兒子持續不間斷練習足球，小兒子幾乎每隔兩天就到健身房報到，自主訓練肌耐力。受到他們影響，我也開始跑步、做瑜珈、打拳，這樣的持續性運動，確實讓我擁有更強的耐力，去面對工作中的挑戰。

習慣養成後，有紀律地維持

運動員應該是「自律」的最佳代表，唯有不斷地練習，才能在競技場上有優異的表現。前文曾提過的阿根廷足球明星梅西，每天早上九點開始跑步熱身，緊接著練習單腳跳、單腳跨欄、單腳寫字、各式弓箭步、平躺起身等。一天訓練整整十個小時，而且持之以恆，從不間斷。梅西可以擁有魔術般的雙腿，總在一瞬間讓球從對方的眼中消失，靠得不只是天賦，更多的是努力、專注和紀律。

葡萄牙足球巨星「C羅」（Cristiano Ronaldo）把所有時間和心力都投注在訓練上。除了重訓外，每週五天到球場做高強度短距離衝刺、有氧運動，與隊友配合做戰術演練。為了增強肌肉量和耐力，C羅每天嚴守「低脂高蛋白」飲食準則。從他的八大塊腹肌就可以了解，他的成功沒有任何的僥倖。

世界球后戴資穎曾為某家運動品牌拍攝形象廣告，她說：「每天進步一點，就能邁向成功。」從小學三年級開始，小戴就沒有寒暑假，只有跟著教練，練習、練習、再練習。當其他同學都在玩樂時，小戴已經為將來成為職業選手之路，不斷地精煉。如果她沒有堅強的意志力、自制力，以及高度自我要求，絕對無法登上世界球壇發光發熱。

現代心理學曾針對人格特質研究分析，發展出五種性格模式，包括開放經驗、自覺、外向、親和、神經質等。這五種人格特質構成了人的主要性格。根據諾貝爾經濟學獎得主詹姆斯・賀克曼（James Heckman）與荷蘭馬斯垂克大學幾位教授合作研究後認為，「性格」是成功的重要關鍵。

其中一項「自覺」是指以目標為導向的性格，包含的特質有自律、謹慎細心、做事徹底有條理。所以高自覺性格的人在工作上，通常很勤奮又可靠，也要求完美。最顯著的例子就是蘋果前執行長賈伯斯，他無視外界的評論，執著於完美、專注於目標，這就是高自覺性格的表現。

網路上曾流傳以下故事：賈伯斯年輕時，凌晨四點起床，九點半以前就會把一天固定的任務完成。現任蘋果執行長提摩西・庫克（Timothy Cook）則是每天凌晨三點四十五分起床收發郵件、處理公事。某天他四點半才起床，還發了Twitter嘲諷自己奢侈地多睡了一會兒。另一位奇人是英國維珍集團創辦人理查・布蘭森（Richard Branson），他每天晚上十一點睡覺，早上五點起床處理公事，接著就衝浪或打網球，維持健康的體魄。

這些有錢人、超級富豪，又不是機器人，為何可以如此要求自己、訓練自己？難道他們不會跟我們一樣有惰性，會發懶，或是想逃避？我相信他們一定會有倦怠的時候，但因為高自覺性格，提醒他們不能夠鬆懈，一定要努力克服挑戰。如果這些富人都能始終如一，保有紀律，身為平凡人的我們，更應該加把勁，隨時督促自己，才有機會往富人之路邁進。

改變 16

致富原子習慣 3：趁早畫好「有錢人藍圖」

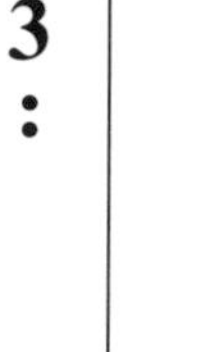

人生際遇的高低起伏，猶如浪濤般，一波未平一波又起。有時候情勢比人強，再怎麼努力，都有可能遭受洪流的衝擊。因此人沒有永遠的成功，也不會總是失敗收場。科技日新月異，既使現在已年過半百，我依然感受到「學無止境」，計畫永遠趕不上變化。我們只能由衷面對現實、接受改變，並用跑百米的速度，創造屬於自己的版圖，才能在現在的社會中佔有一席之地。

這些年，透過諮商訪談，我看到兩種不同類型的年輕人。少數是剛畢業就充滿雄心壯志，什麼都想嘗試；另一種也是大多數的人，茫然焦慮沒有自信，也不知該往何處發展。這又回到我先前所提出的論點，文憑只是一張紙，許多人當初為了擠進好學校，念了自己不喜歡的科系，四年大學生活只求All Pass、順利畢業，羨慕念電機、資訊、理工的同學，現在可以站在職場風口上。

天生我材必有用，你一定有過人之處。新媒體、網路社群興起，傳統靠年資、職位所建立出來的職場倫理，似乎已不再受年輕人信服。七、八年級生靠著網路科技，快速吸收新資訊、新技術，結交同好，彼此腦力激盪，創造許多新的行業、新的工作型態。

好友的女兒世美，從小就喜歡畫畫，立志要當設計師或畫家。爸媽很擔心她將來可能無法養活自己。的確，世美畢業後，找工作就花了半年的時間，最後在廣告公司當平面設計，低薪、工時又長。但世美很有自信地說：「做自己喜歡又有興趣的工作，對我來說是最重要的。我知道美工設計人才飽和，而且普遍工時長、薪水又少，所以同時學習影片拍攝製作，用接案方式賺取第二份收入。」

在此，我會建議年輕上班族，利用自身的優勢開創新局：

1. 運用你們的創意，開發新商業模式

善用你們最熟悉的網路新科技、社群力量，開發線上新商機，例如開發線上服務付費平台，提供更多元的商品選擇，加入串流商機，或是提升資源共享項目等。

2. 發揮你們的可塑性、多元性

若能拋開傳統束縛，換個角度想，不定性就是你們的優勢。發揮你們的可塑性，嘗試不同行業、不同工作性質，讓自己可以快速累積實務經歷，開發多元職場能力。

3. 堅持你們的自由、進步價值

五、六年級生堅持的是服從、抗壓、耐力；新世代追求的是快速、創新、多變化。累積幾年工作經驗並存到創業金後，你可以做個自營商，經營小眾市場，例如承包企業網路行銷、教導銀髮族繪畫，幫助老年人減少失智發生率。

老實說，我剛畢業時也不清楚自己想從事哪個行業、哪種工作類型，不知道未

來的路該往哪個方向走，才是最適合的。但因為未知，我們應該更勇於嘗試，挑戰自己。隨著科技進步、新媒體發展，有很多新的工作職務、新的工作內容不斷出現。十年前，我們很難想像打電動可以成為一個謀生行業、線上網紅可以創造豐厚的被動收入、線上教學可以成就許多新創自營商。

步入社會的第一個五年是工作摸索期，你應該嘗試不同工作職務、不同行業，累積一定的實務經驗後，也會比較清楚自己喜歡哪些類型工作。接著，你會進入工作成長期，認識更多同行、業界先進，對產業競爭、發展有更多想法。你會像塊海綿快速吸收專業知識與技能，並積極展現工作企圖心。

沒有退路，只能找出路

我很敬佩的一位業界前輩，是個業績王，經常看到她在台上受獎。私底下的她講話鏗鏘有條理，卻也謙虛有禮、溫暖親切。即使每年收入早已超過千萬元，她仍積極開發新業務、增員提攜後輩。互相熟識後我才了解，她既沒任何背景，也無相關學經歷。當初，她希望自己能經濟獨立，於是透過引薦，成為保險業務員。

剛開始什麼都沒有的她，沒有保險相關知識、沒有客戶、沒有業績，有的只是先生、家庭和業績壓力。個性不服輸的她，答應先生會兼顧家庭生活、打理三餐，於是利用每天晚上或半夜的時間，熟讀保險產品、法規及條款。隔天一樣早起，出門上工、找客戶、拼業績。第一年，她已經是業績新人王，憑藉的就是勤奮、不怕苦、不服輸的精神。

她說：「當初先生想盡辦法，阻撓我出來工作。不過，一旦下定決心，我會找方法解決問題。我不會哀嘆、更不會抱怨，而是自己想辦法完成目標，生活才能過得自在。」「當然，工作和生活上，會經常遇到挫折，但我告訴自己不能失望，因為這是自己的選擇。後面沒有退路，我只能正面思考，昂首走出一條屬於自己的路。」

這些年來，我深刻領悟、也看到許多成功人士，他們都有類似的人生價值觀和為人處事態度，以及最重要的堅忍不拔強人精神。以下幾點是我給年輕人的建議。

1. 認清你的選擇，不再抱怨

當你確認好自己的工作、生活目標，就要全力以赴，不要期待有人會伸出援手，更不要希望別人會給你機會。自己要學會承擔，不怨嘆、不抱怨，因為機會只留給準備好的人。

2. 正面對待挫折、自我鼓勵

有時要咬緊牙根，吃苦當吃補。尤其女性擁有強大韌性，善加運用這個天生優勢，學會經常鼓勵自己，建立穩定的經濟基礎，才有能力照顧自己和家人。

3. 做好自我管理

很多職場婦女抱怨無法兼顧工作、家庭平衡，那是因為你沒有做好自我管理。先把自己打理好，光鮮亮麗的外表會帶給你滿滿的自信，做事信心倍增，人氣也會隨之提升。

4. 高效時間管理

善用工作日誌，列出每天必須完成項目，依照重要性排列出優先順序，把重心放在對自己最重要、也最有利的工作項目上。有效運用每一天，把假日留給摯愛的家人。努力工作，同時也要兼顧親子、家庭關係。

5. 維持紀律和好習慣

好的紀律，讓你輕鬆達成工作目標，例如晚上固定時間加強專業知識、睡前列出明天行程安排等。好的生活習慣，讓你更輕鬆享受日常生活，例如規律運動維持好體態、清淡飲食保有身體健康。

人生、未來的夢想，就像一場馬拉松，當槍聲響起時，一開始跑最快的，通常都不是最後的贏家；會調整自己的速度，堅持不放棄的勇者，才能穩穩地跑到終點。每個人都有屬於自己的人生跑道與生涯目標，我們要跟自己比，而不是跟別人比。記住！現在你所面臨到的挑戰與失敗，都是為了成就將來的成功、富足人生。

改變 17

致富原子習慣4：別成為錢奴，養成「駕馭錢的好習慣」

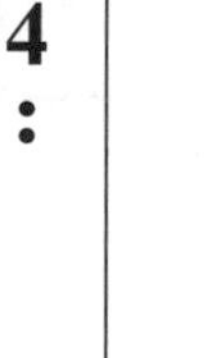

上一代的父母最常教導孩子，長大後要做個有用的人。但到底怎樣才算是有用的人呢？小時候不懂事，大家就只能各自解讀。少數敢做大夢的人會說：「我要當總統」、有人會說：「我要當老師」、比較有個人想法的會說：「我要像史懷哲一樣，成為救人濟世的醫生。」可是，從來沒聽過有人說：「我要成為有錢人。」

我認為，這是因為從小被灌輸「文憑至上」的觀念，造成普遍的認知錯誤，將有錢人和有用的人劃分為不同等級。但如果現在再問一次：「你將來想成為什麼樣的人？」你的答案會是什麼？我相信，近年來最常被討論的「財富自由」，有機會擠進排行榜前三名。

成為有錢人，應該是現代人的夢想。但光靠每個月微薄薪水，做死了也無法實現夢想。明知此路不通，我們是否應該轉個彎思考一下，億萬富翁到底是怎麼辦到？有什麼秘訣是我們可以學習、仿效？趁年輕還有腦力、體力、衝勁，及時改變，也許你就有機會達成想要的財富目標。

如果你把工作當成維持家計的必要之惡，我相信你每天都是拖著沉重步伐進公司，上班心情也不會太好。但假使你是為了實現夢想而工作，一定會設法運用手上的資源、人脈、金錢，努力達成目標，這就是一種價值觀。

市面上有許多的成功語錄、勵志書籍，記錄這些有錢人的奮鬥史、別於常人的習慣。其中，最讓我有感而發的，就是他們的「金錢價值觀」，這是學校老師沒有教、在家父母很少提及，卻影響我們一輩子生活的觀念。根據樂施會（Oxfam）（註）統計，全球一％的富豪握有八十二％財富；前八大億萬富翁，更握有超過全球一半人口的資產總和。儘管許多人批評這些富豪，大多透過非法節稅等手段累積更多財富，但這就是我們生活的現實世界。

為什麼這些富豪可以累積如此可觀的財富，而你我卻做不到？

富人用錢都會精打細算

我從小不喜歡唸教科書，舉凡國文、歷史、地理等等費時費腦力背誦的科目，都與我無緣。可想而知課業成績就是普通水準，雖然到國外拿到碩士學位，但如果真要和頂尖人士比學歷，我應該是敬陪末座。

幸好憑著敢作夢的性格，我一開始就設定只進外商公司工作，因為薪資福利較優渥、辦公環境舒適。爾後，只要有錢、有前景的地方，我就往那裡走，職位越爬越高，相對責任越擔越重，當然薪水也就水漲船高。可是很奇怪，存摺裡的數字卻沒有跟著變多，錢到底跑到哪裡去了？

全球最大汽車廠豐田（Toyota），至今能屹立不搖，保持領先地位，關鍵因素在於對花錢懂得「精打細算」。以前，企業經營思維都集中在製造成本管控，為了

註：樂施會是國際發展及救援的非政府組織，一九四二年在英國牛津成立。

競爭、保持利潤，就想盡辦法壓低成本。然而，汽車不像一般消費性產品，除了性能要好，價格才是最大考量。汽車有許多不同配備、等級，不論是基本型、豪華型、尊榮型、一般房車或是休旅車，都有一定的參考市價。消費者會依據自己的預算決定購入哪個品牌、哪種等級車款。

為使Toyota車款的市價好入手，又能兼顧好品質，該公司建立一套自己的「原價企劃」機制。從原子筆到汽車零件設計，每樣東西都有原價，透過各部門的預算管控，在大量採購時就可以控制或降低原價，進而改善原價。只要各個環節控制得越精準，就能確保達成預期利潤。

如此複雜的營運體系，都可以透過預設機制、觀念建立及紀律養成等方法，達成企業目標，我們應該更容易做到才對。關鍵就是要精打細算、錙銖必較，養成簡單過生活的態度。我現在完全明白，為什麼自己過去總是留不住錢，因為忽視「節流」的重要性，就像水龍頭一樣，如果沒拴緊，再多的水都會流光。

因此，要養成正確的金錢價值觀，必須辨別是「想要」還是「需要」，要求自己只有需要時才消費，並在百貨公司促銷降到最低折扣時再出手。只選購高品質、高性能、能為你提升價值的商品，像有錢人一樣當個聰明的消費者。

富人懂得投資，用錢滾錢

很多人應該都買過 Zara 服飾，這個品牌不但設計時尚，價格又好入手，因此深受年輕上班族的喜愛。Zara 創辦人阿曼西奧・歐特嘉（Amancio Ortega Gaona）家境清寒，從小遭受冷嘲熱諷，他立志要賺大錢贏回自尊。十四歲時，就輟學當送貨員，二十七歲時創辦 Zara，如今已是全球知名百大富豪之一。他從四人的工作室起家，賺到錢後繼續投資，並大膽運用創新的商業模式，包括「便宜材質，類似高檔設計」、「十五天快時尚」等，後來更將設計團隊擴增至五百人規模。

雖然抄襲模仿各大品牌設計的行為，讓歐特嘉備受批評，但不可否認，他找到自己的賺錢方法。歐特嘉滿足小資族追求流行時尚的需求，其產品更成為快時尚指標。他不但懂得錢的價值，並讓錢滾錢，更運用錢來改善商業模式、物流系統，所以能夠快速擴大版圖、成就大事業，躋身超級富豪行列。

談到「商業模式」，上班族可能會翻白眼，因為每天公事都處理不完了，還要照顧一家老小，既沒時間、也沒心情，更不知道該如何進行商業模式。

前同事阿健，父母為了討生活總是出門在外，所以他從小是外婆帶大的，但貧窮的日子並沒有折損他對未來的憧憬。他說：「從小我會和外婆一起做資源回收貼補家用，高中是自己打工賺學費，上大學時白天上課、晚上身兼數職，假日還要當家教，當時同學都戲稱我為死要錢魔人」。讓我感到最棒的是，阿健認為：「其實，窮並不可怕，可怕的是你不知如何變通改善，只有改變才有脫貧的機會。」阿健說他預計工作幾年存到第一桶金後，就準備自行創業。

相較下，有些年紀相仿的年輕人，還像隻無頭蒼蠅到處亂飛，只懂得吃喝玩樂，花光所有薪水。倘若你也如此，先別氣餒，我們要學習有錢人的「致富思維」。

你可以透過適當的投資理財計畫，創造被動收入，成為你的第二份收入。試試專家提出的可用法則，強迫自己將部分薪水存起來，用定期定額方式投資穩定成長型基金，並長期持有。如果你繳完房貸、租金、小孩安親班學費後，根本所剩無錢，也沒關係，剩多少就存多少。存進撲滿，養成儲蓄的好習慣，讓習慣變成一種生活紀律。

只要能存到第一桶金，你就能夠展開第一波的複利投資人生。

富人懂得運用槓桿操作

我從小對「金錢」容易感到不安，舉凡借錢投資、刷卡分期付款、卡費只繳最低應繳金額這些行為，我都是舉雙手反對。原因很簡單，我避免讓自己陷入過度消費及無力償還的困境。若有了負債，表示必須賺更多的錢，才有能力償還所欠的債務。萬一經濟崩盤或面臨失業，無力償還債務時，恐將會失去信用，生活也會陷入困頓。

生活在大都市，居高不下的房價、普遍低薪，的確讓許多人感嘆生不逢時，即使拼了老命，也只能勉強糊口過日子。於是，有些人選擇不買房不投資，把全部的積蓄拿去買車，滿足心中的缺憾。

切記一個最淺顯、卻最容易被忽略的基本原則：「量力而為，避免入不敷出」。年輕男性最常受到車商打出超低頭期款、零利率分期等誘惑，不多加思考未來的還款能力，新車先上手再說。等到飆車拉風過後，可能三餐都得吃泡麵、吐司果腹，才能度過口袋空空的日子。與此相比，若你想給家人一個安定的住所，同時也已準備好購屋頭期款，就可以透過長年分期付款方式，完成階段性人生目標。

也許你會反駁，有哪一個富豪不是靠著跟銀行貸款，幫自己創造更多財富？我認為這有很大的差別，許多企業老闆向銀行貸款，大都是為了擴大公司營運規模，買生財器具或支付材料費用等。例如航空公司向銀行舉債購置新飛機，是為了能夠服務更多乘客。這些企業負債的目的，是為了帶來更高的營業收入、創造更多的利潤。當然，有些不良企業會用不正當手段借貸，從事房地產、股票炒作，這些就在我們的討論之外了。

富人喜歡錢，所以能「吸引」到錢

說到錢，有誰不愛；談到花錢，大家更是開心，希望可以不看標籤上的價錢，直接打包所有想要的東西。但細想一下，錢不會憑空掉下來，要靠腦力或體力換取而來，沒有人可以不勞而獲。

可是，有些人偏偏就是喜歡賺錢，不愛花錢。已故台灣經營之神王永慶曾說：「我最愛賺錢，討厭不必要浪費。」股神巴菲特平常最愛的是漢堡、可樂，穿著樸實，每天自己開車上下班。這些富豪天生骨子裡就是愛賺錢，並從中獲得樂趣。他們大都生性儉樸，不喜歡亂花錢。

這就是《秘密》書中所講述的「吸引力法則」，吸引你喜歡的事物。如果你喜歡錢，就不會亂花錢，而且還會把錢妥善保存在你身邊。如果錢還沒入袋，你就先把它花掉，代表你可能不喜歡錢，自然就不容易吸引到錢。

改變 18

致富原子習慣5：週週犒賞自己，也能培養「生意鼻」

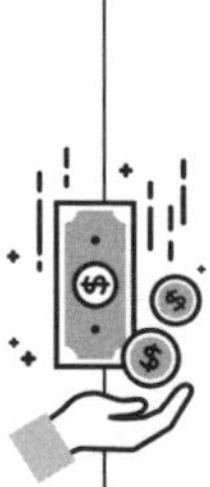

人非機器人，不僅得適時放鬆，更要懂得犒賞自己，讓身心都得到適當的休息，才能走更長遠的道路。根據我多年的觀察，許多富人非常低調，不喜歡戴名錶，也不喜歡開跑車，打扮穿著樸素，與普通人無異，甚至讓人看不出他擁有豐厚的資產。

富人犒賞自己的方法，就是利用空暇時間，做些平日無法做的事，或做些自己有興趣的事。我認識一位有錢商人，他在紐西蘭買了一棟別墅，一年只去三次。但每次他都會和兒女、孫子、孫女同行，對他來說，這棟別墅可以增進親子關係，對他來說已經是物超所值。

吃喝玩樂不如學習新事物

或許有些勤勉的人會質疑「自己尚未功成名就，豈可輕言享樂」，還端出「由儉入奢易，由奢入儉難」的大道理，繼續埋頭苦幹。其實，懂得適時犒賞自己，才能振奮士氣、提高工作效率，並藉此擴大視野、增長人脈，發掘更多潛在的商機，甚至可察覺職涯上的轉機。

不少年輕人誤以為，犒賞自己就是盡情玩樂、縱情享受。其實，太頻繁的吃喝玩樂，反而會讓人感到煩膩，失去犒賞的初衷。我建議年輕人可以換個方式犒賞自己，試試花錢學習新事物，不但能豐富心靈，更能提升個人形象、能力，一舉數得。

當我還年輕時，也喜歡用吃喝玩樂犒賞自己，經常帶著爸媽、家人一起花錢享樂，藉此證明自己有能力照顧家人；為了爽快花錢，所以努力工作、認真賺錢。等到年紀漸長後，想法、習慣逐漸有了轉變，例如以前主要交通工具是計程車，現在是公車、捷運等大眾運輸工具。

犒賞自己的方式也轉為內斂，開始做一些一直想做、卻始終沒做的事。因為我喜歡吃甜點，於是抽出時間上烘焙課；因為喜歡音樂，就開始學習大提琴。這些新的學習和自我挑戰，讓我成就感十足，也交到許多新朋友，絕非吃喝玩樂可比擬。

工作結合旅遊，經濟又實惠

將工作與旅遊結合，也是犒賞自己的好方法。之前，我長年服務於外商企業，外商對於員工的教育訓練非常重視，有些訓練課程可能在國外。但只要有機會，我都會自告奮勇參加。原因很簡單，出國參加公司的教育訓練，精進專業知識之餘，還可增廣見聞、結識其他國家的友人。趁著教育訓練的空檔，還可遊歷這些異國城市，洗滌疲倦的身心。

犒賞自己也可以預先訂定短、中、長期目標，甚至是全家人共同追求的目標。我與兩個兒子約定，每年要一起出國旅遊，體驗不同的風俗民情、暢遊當地名勝、品嚐美食，不僅拓展孩子的視野，更能凝聚家人間的感情。

我也設下個人的獎賞目標，希望在六十五歲退休時，能夠到荷蘭和瑞士的小鎮住上一到兩年時間，完成自己的夢想。所以，我們正努力賺錢、存錢中，為了達成所有的犒賞目標，我們全家都會卯足全力，也更為團結、相親相愛！

改變 19

致富原子習慣6：
懂得運用人脈，養成「借力使力好習慣」

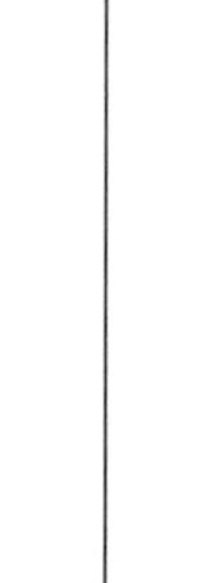

成功者不見得比失敗者更努力，許多失敗者為了事業，所投入的時間、心血，遠多於成功者。兩者的差別在於，失敗者雖奮鬥不懈，卻不知變通，導致屢戰屢敗；成功者若遭遇挫折，自我檢討後，會改弦易轍，發想、尋找更佳的解決方法。

除了找出更好的解決之道，成功者懂得運用好方法、掌握重點，依重要性排列待辦事項的先後順序；除此外，這些成功者擁有成熟的心智，懂得控管自己的情緒，不會因別人的批評而動怒，或「小不忍而亂大謀」，他們總是保持熱情，直到目標達成為止。

想成功得先了解自己

我的學生愛娜，便是懂得運用好的方法，讓自己不斷精進、更上層樓的年輕人。愛娜是位中、韓混血兒，出生後不久，就跟著爸媽到台灣定居，直到國中時，才返回韓國，所以她的中文非常流利。從韓國的大學畢業後，愛娜進入Yahoo韓國分公司，擔任網頁編輯。當時，台灣開始吹起「韓流」旋風，愛娜奉命調回Yahoo台灣總公司，擔任娛樂新聞編輯。通曉中、韓文的她，主要負責報導韓國的藝能界新聞與美妝潮流。

愛娜對美妝潮流的變化相當敏銳，凡是與「變美」相關的事物，她都十分熱衷，且樂於嘗試。在Yahoo任職時，她利用下班後的時間，撰寫自己的美妝部落格，擁有許多女性粉絲。恰巧，愛娜的哥哥當時在醫美企業從事管理職，讓她得以獲取醫美產業的最新訊息。

不過，Yahoo的工作內容大同小異，讓愛娜的職業倦怠感越來越深，加上她是從韓國分公司轉任過來，不容易獲得升遷，有時不免感到前途茫茫。正當她迷惘時，哥哥計畫與幾位友人合開醫美診所。已累積三年工作經驗的愛娜，毅然決定從Yahoo離職，加入哥哥的診所，負責廣告、公關、宣傳等事宜。

創業前先累積好經驗和人脈

愛娜自我解析，會選擇創業是因為她的個性很獨立，不喜歡做事拖拖拉拉，如果跟一群人一起工作，難免感覺不自在。加上先前在職場上，已經累積了一些工作經驗與優質人脈，例如她的文章經常被轉載在知名入口網站的首頁，愛娜說：「想成功，就得先了解自己的優勢，以及手上握有哪些可變現的資源」。

值得稱許的是，愛娜願意投入時間和金錢，學習新知識與新技術。當她嗅到眉毛紋繡商機，特別飛回首爾學習最新的技術，並邀請其他部落客免費體驗，結果大獲好評。除了這些部落客主動發文幫忙做宣傳，為她帶來不少業績。在口碑相傳下，客人還主動介紹客人，第二個月她就賺回所有學費和紋繡器材費用了。經過一番努力，工作室從她一人獨撐大局，到現在已有三位設計師，事業越做越好。

如果你也想創業，可以從愛娜的身上，學習以下五大經營重點，幫助自己拉近與成功的距離：

- 在創業前，一定得先累積相關的工作經驗，並厚實有價值的人脈。
- 運用社群媒體，積極經營個人品牌。
- 在創業的前三年，不必盲目追求規模，「小而美」即可，實質獲利最重要。
- 不要停止學習，一定將自身的優勢，發揮到淋漓盡致。
- 適時尋找志同道合的朋友一起努力，善用異業結盟的力量，減少創業的障礙。

不同世代有不同的創業方法。在今日的數位化時代，善用科技可以讓創業者快速經營社群和自有品牌。現在的年輕人大都也是運用社群媒體、數位工具來打造個人品牌，迅速提高知名度，並經營出客群，這些新方法並非其他傳統工具可比擬。

愛娜以過來人的經驗提醒創業者，只有先累積足夠的可變現人脈，才能確保創業這條路，能夠走得順、走得久遠。

第5章

我的投資SOP，幫你提早達成財富自由！

改變 20

新手別怕投資，從滾一顆小雪球開始

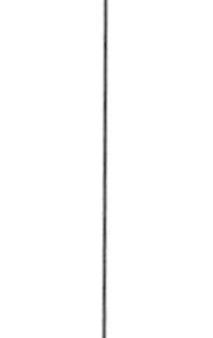

「每月實領薪資不到新台幣兩萬，還要先扣掉房租和交通費，剩下的再分成三等份，一份當生活費，一份當緊急預備金，一份拿來定期定額投資。這樣我每月只剩不到六千元可以拿來吃穿，一天只有兩百元可以花用。」聽到學員阿芳描述她的生活現況，老實說，我感到很心酸又無奈，感嘆台灣經濟成長率（GDP）表現不俗，但企業獲利都進了老闆的口袋。台灣上班族的薪資水準和鄰近日韓兩國比較，硬是差了一大截。

根據行政院主計總處於二〇二〇年十月薪資統計分析，每人平均年薪（包含年終和獎金）達六十四萬元，換算月薪約為四萬七千多元。但超過半數的就業人口年

薪低於五十萬元，如果以十四個月計算，每月約為三萬六千元。目前，國內剛畢業的大學生起薪約為三萬元，碩士約為三萬五千元；也就是說，有一部分上班族的薪水和剛進入職場工作的碩士生是一樣的。

相較於韓國和日本，同一級職員工的基本薪資，大約是台灣上班族的兩倍到二．五倍。有些企業老闆認為：「日、韓的生活費用比台灣高出將近兩倍，薪水本來就是隨著物價而變動。」

在我看來，這種說法只是模糊焦點，台灣整體企業的獲利表現是優於韓國和日本。提供良好的薪資與福利條件，才能留住好人才，難道老闆們會不知道嗎？尤其經過新冠肺炎疫情影響後，更突顯出台灣人才的價值被嚴重低估，也打臉那些曾經公開批評台灣年輕人不具競爭力的不良企業主。

可是，除了安慰，還是安慰，因為和阿芳有同樣際遇的年輕人不計其數。有些人北上是為了能在大都市找到一份前景較好的工作，但每月靠著實領兩萬元的薪水，只能和同事或朋友合租套房，早午餐都在便利商店解決，難怪小七或全家的餐盒銷量越來越好。

如果你不是富二代，沒有爸媽、兄弟姊妹可以依靠；如果你選擇北漂、南下租房工作，就要有心理準備，得勒緊褲帶五到十年，用時間拼搏翻身的機會。其實，以人生時間軸概念來看，五到十年時間並不長，所以這是一個非常值得的投資。有些人可能不到五年，就能達成目標；有些人則必須花更久時間，才能掙到人生第一桶金。關鍵差異在於方法和毅力。到底有哪些方法可以讓我們有翻身的機會？

方法 1：投資（積極開源）

人兩腳錢四腳，如果沒有用跑百米的速度，很難追得到錢。每隔一段時日，媒體就會報導台股近日又創新高，投資人要居高思危，最好等拉回再來承接。這樣的觀念很正確，但問題是：「你有進場承接了嗎？」

「股市大跌，嚇都嚇死了，千萬不能碰，要等到最低點……」

「股市大漲，更是令人害怕，千萬不能跳進去當最後一隻白老鼠……」

我們不是神，無法準確預測未來，也永遠不知道最高點、最低點。更何況，許多投資理財專家都提醒，千萬不能道聽塗說隨便投資，更不要融資槓桿操作。的確，我們不是神，但我們可以養成神一般的投資紀律，既不追高，也不殺低。紀律就是跟著規則走，按照自己的投資計畫進行。

如果已錯過這兩年危入市大好機會，你現在是否已做好準備？每天叫窮叫苦，卻總是無法踏出理財第一步，當你不理財，財就不會理你。錢放在銀行定存一年的利率不到一%。如果考慮通膨因素，你的荷包只會越來越縮水，所以首先要找出讓你跨不出第一步的原因。

原因一：不懂如何投資

以前有位同事阿健最愛買潮鞋，全身上下名牌也不少，但問他是否投資過股票和基金，一問三不知。他回我：「搞不懂啊，又沒時間研究。」不懂就學，就像在學校念書一樣；你越不理，它就離你越來越遠。

最快的入門方式就是自學，市面上有許多不錯的投資理財書籍，可以讓我們了解投資該具備的基本常識，包括投資標的、投資管道、資訊蒐集平台等；也有進階的專業知識，例如讀懂公司財務報表、了解投資專用語、投資行情分析等。有時間的話，也可以多看多聽投資理財專家的分析，但切勿參加非法股友社，也避免聽信市場謠言或朋友報的明牌。

原因二：害怕投資失敗

你能保證自己對男友永遠不會變心？你能確定永遠愛著你的老婆大人？若只是擔心、害怕，就把自己的頭埋進沙堆裡，這樣恐將成為逃避危險和現實的鴕鳥。

人心思變，更何況投資市場瞬息萬變。世界上沒有任何事物可以擁有百分之百的成功機率，但你能夠運用自己所累積的知識、經驗來分析判斷，降低可能面臨的風險。

原因三：就是沒錢投資

你的銀行帳戶裡應該有三千元吧！只要有一份固定收入的工作，每天少喝一杯手搖飲（六十元×三十天＝一千八百元），少買一件衣服（一千二百元），每個月用這筆存下來的三千元，投入年報酬六％的投資標的。在善用複利小錢滾大錢之下，二十年後就會有將近一百四十萬元的存款。當你的薪水調升時，投資金額也可以隨時增加。

「我賺的錢已經少得可憐了，還要我少吃少喝，這樣的生活豈不是更鬱悶嗎？」相信我絕對不會的，少喝一杯手搖飲，就不容易發胖、不需要減肥，也不會因糖分過多導致糖尿病。打扮則應重質不重量，不用經常花錢買衣服，也能穿出你的簡約有型。最重要的是，十年、二十年過後，存摺裡累積的數字，能讓你的生活過得更富足。

想要利用複利達到利滾利、錢滾錢的效果，先來看看投資大師巴菲特怎麼做，他曾提出著名的「複利滾雪球法則」。

1. 先做出一顆小雪球（準備本金）

巧婦難為無米之炊，想結婚至少要先找到對象，想種樹也要先有顆種子。先準備好你的投資本金，不論三千元或三萬元皆可。更重要的是，越早準備，將來你的收穫會越多。有些聰明的爸媽在孩子出生的第一天，就開始投資累積未來的教育基金，等到孩子上了大學，就有一筆資金可支付四年的學費。

2. 找到一條較長的坡道（中長期持有）

投資和投機是兩碼事，完全不同。有些人喜歡短進短出、殺進殺出，最後可能血本無歸。小資族應該追求的是長期且穩定的獲利，當選擇好的投資標的後，就要定期投入並長期持有，除了能夠享受股利配息外，未來還能賺到價差。到底多久才算中長期？以巴菲特的平均持有時間來看，大約至少五年到十年。

3. 坡道要有點濕度，才能讓雪球越滾越大（追求穩定報酬率）

每個人對於報酬率的要求都不同，有人喜歡短跑具爆發力，有人卻愛長跑的持久力。在投資理財路上，如果你想要當個常勝軍，就要向巴菲特看齊，追求穩定成長的報酬率，例如年化報酬率六％～十％。畢竟高報酬代表著高風險，短進短出，必須每天盯著投資標的價格變動，這種投資方式不適合上班族。

方法 2：兼差（積極開源）

切記，兼差的最大原則，就是絕對不能利用上班時間處理個人私務，尤其不能使用公司電腦、設備或其他資源做自己的生意。一旦被發現，你可能會連工作飯碗都不保。身為上班族，白天領公司的薪水，就應該全力以赴，完成主管交辦的事務。以下介紹幾種兼差方式。

1. 晚上或假日兼差

最容易的兼差方式，就是到餐廳、便利商店或服飾店打工賺時薪。如果有一技之長或特殊專長，可以兼職寫程式、架網站、當健身教練、教音樂、教攝影拍片技巧、教繪畫、教作文、當時薪保母等。如果你外語能力很強，就能接案子做翻譯，或當國中小學家教老師；或晚上到外語補習班當櫃台人員，順道學習第二外國語言。

現在很多企業為了節省人事成本，或多或少會利用一些外包平台，譬如台灣自由業者接案平台（Freehunter）、出任務外包網（Tasker）、1111外包網等，尋找兼差人員合作。如果你真的希望創造第二份收入，就應該努力拓展接案能力。

2. 兼作網路電商、直銷商

這應該是目前最多人採用的作法，利用假日從事直播賣衣服、3C周邊配件，或利用社群、團購賺取差價，創造第二份收入。有些人還會利用網路商城（如91APP、蝦皮購物）開立自己的虛擬店面，或加入網購平台（如Shopline），開發第二事業。

3. 運用工作上的專業，教課、寫文章

許多業界名人、學有專精的素人會運用本業的專長，透過課程學習平台，傳授自身的實務經驗，賺取講師費。有些國內外導遊則是當起網紅，分享好玩景點、必吃美食，賺取業配收入。素人理財作家也開始上節目，分享自己的投資經驗來增加知名度。如果你具備某方面領域的專業，只要沒有牴觸到公司的利益，都可以拿來「變現」，增加收入。

方法3：能省則省（設法節流）

1. 分租、共享

為了工作，你必須離家在外租屋，最好是和好友或好同事一起分租，一來能分攤房租、水電瓦斯費等，二來大家互相照應，碰到問題時可以互相商量、安慰。另外，有些家電產品或使用頻率較低的用品，如烘被機、跑步機，也可以利用共享的方式，既能避免浪費，又能達到環保目的。

2. 自己做便當、只喝公司免費提供的咖啡茶包

自己準備便當，既經濟實惠又能兼顧營養均衡。但有學員發問：「小黛老師，只喝公司免費提供的咖啡、茶包，這樣會不會對自己太吝嗇了？」

有位學員琪琪非常勤儉持家，但她對自己一點都不吝嗇。例如他會採買一星期份量的有機蔬菜、藜麥，為自己做健康美味的便當。也會買高級材質的保溫杯，裝公司的免費咖啡或茶；會到公園跑步健身、上網自學瑜珈；每年出國兩次，體驗各國不同的風俗民情，增廣個人視野。她選擇把有限的錢花在刀口上，投資在個人注重的層面，節流的同時也兼顧了生活品質。

3. 只留一張信用卡

小黛在金融產業工作多年，對於信用卡帶給消費者的支付便利性，絕對是認同的。然而，現在很多人的問題是，當錢包裡有多張信用卡可以刷，有時就會失心瘋地消費。結果收到帳單時，才赫然發現帳戶裡的錢根本不夠支付卡費。因為過度消費，最後只能用卡養債。「沒那個屁股，就別吃那個瀉藥」，否則下場就是一個

「慘」字來形容。

4. 多搭乘大眾運輸工具

以大眾運輸工具的普及率來說，居住在台灣六大都市的上班族，大多能夠方便搭乘火車、捷運或公車到公司。搭乘大眾運輸的好處真的數不完，省錢又能利用時間補眠、聽音樂、聽名人演講，或加強英文聽力。

在國外，因考量都會區房價高居不下，許多上班族早已陸續搬到郊區居住，平日開車到最近的車站，然後轉搭火車或捷運到公司上下班。假以時日，我相信台灣也會朝這個方向發展。

5. 只買需要的，而不是想要的

有朋友跟我說：「小黛老師，你以前買過、用過名牌，現在卻告訴年輕人不要亂花錢買名牌，不太具有說服力。」其實，這位朋友誤會我的意思了。以天天會使用到的公事包來說，因為有需要，為了保有質感可以用名牌。但切勿以犒賞的名義，不斷買很多個名牌包，購物前先惦惦自己的荷包，一定要量力而為，才能確保生活無虞。

如果你已經家財萬貫，我根本不會在乎你的花費習慣，正因為大家都是普通的上班族，小黛才會用過來人的經驗告訴你，不當的消費行為或過度的花費，都會使你入不敷出，甚至陷入財務危機。大多數上班族不知道如何開源增加收入，也不懂得控制每月的支出，到最後四處借錢以債養債，使自己的信用破產。

把錢花費在「想要的」東西上，對於自身價值的提升是毫無幫助；如果你追求的是富足人生，從現在起就要有所犧牲、有所準備。因此，你可以從現在開始：「每月定期定額，投資穩定獲利成長的公司，或選擇一籃子類型的基金、或ETF分散風險。」看緊你的荷包，降低欲望，簡單過生活，運用時間打造你未來翻身的機會。

改變 21

從小筆交易開始練習，去習慣市場的變化

投資市場裡，最多的就是八卦和小道消息，尤其當操盤手或有心人士想不法獲利時，就會開始放話，哄抬某些標的。由心理學角度剖析，會聽信小道消息，並非因為好奇心，而是貪婪，希望能不勞而獲，最好是可以狠狠撈上一筆，讓自己少奮鬥幾年。可是，世上有這麼簡單美好的事嗎？

小黛老師年輕時，也跟大家一樣，每天花很多時間看遍各大財經媒體報導，或是參加坊間的理財講座。因為對自己的專業和操作沒信心，於是我經常聽信所謂投資專家的意見。當運氣好時，讓我可以短暫上「天堂」；當運氣背時，就會讓我住進「套房」。

在這個年代，想光靠薪水就能財富自由是很困難的，更不敢奢望未來能有富足的退休生活。究竟，**上班族應該怎麼做，才能從谷底翻身呢？答案就是理財，並進一步投資**。市面上投資工具琳瑯滿目，下一節我會介紹股票、基金、ETF、債券、黃金、期貨及認購權證等。每一種投資工具都有不同的投資風險，所以你必須事前做好自我評估。

我們先來談談，上班族散戶們到底該怎麼做，才能降低風險，創造亮眼的投資報酬呢？以我過往的經驗分享，只要透過系統化學習，並參考專家的研究報告，就能大幅降低投資風險。當風險降低後，賺錢機會就會大幅提高。

上班族如何靠投資賺錢？基本功有這3個

常有人說：「上班族每天忙得累個半死，很難有時間學習投資理財。」事實真是如此嗎？當你想閱讀時，會上網選購自己有興趣的書本；想看電影時，會參考影片簡介、影評；年節回家探望父母時，會提前預訂車票；想出國旅遊時，會早早安排全家行程。但為什麼當面對投資理財時，總是藉口一堆，不然就是道聽塗說？這是心態問題，永遠不培養正確的投資理財觀念、累積足夠的專業知識，就永遠只能當個貧窮的上班族。

我第一次投資股票是在一九九四年，當時剛進入金融業服務，耳濡目染下開始投資股票。跟所有人一樣，一開始什麼都不懂，無論是公司營業利潤率、營收成長等專有名詞，我都不在乎，我只渴望賺取高額價差，可以存錢買奢侈品。當時，只要聽到某某專家的建議，就會默默把薪水投入股市，好不容易賺到錢，就請家人大吃大喝，賠錢時卻不敢吭一聲。幾年下來後才發現，賠的遠遠超過賺的。

1. 學習投資理財的專業知識

我一開始也是聽信小道消息買賣股票，有過太多次慘痛的失敗經驗後，十年前開始奮發圖強，每天下苦功，希望在茫茫股海中練就一身好功夫。

根據金管會規定，國內理財專員必須通過金融常識測驗，擁有理財規劃人員證照。如果從事保險銷售，必須具備人身保險、投資型保險、財產保險業務員證照。

如果是服務於投信投顧公司從業人員，必須擁有信託或營業員等證照，才符合銷售金融商品資格。每一張證照，代表著專業素養。

我在大學念的是經濟，到美國念MBA主修財務管理，返國後進入金融業深耕多年。為了提升專業能力，我主動取得許多專業證照。離開職場成為專業講師後，為了提升授課品質，我又開始進一步練功，上課取得進階認證。

同時，為了讓自己在投資上多點勝算，我花了一年時間研究K線、波段操作，每天長時間操作演練，就是希望掌握技術分析的精髓。到現在，我依然每天看盤，從早上九點到下午一點半收盤，仔細研讀各大財經機構的報告（可上Goodinfo查詢上市櫃公司資料）。

上班族總是說：「我哪來的時間看盤啊！」其實並不難，只要利用下班時間，花個三十分鐘了解當天是否有重大訊息或事件，久而久之，自然會累積投資心得與經驗。坦白說，這麼多上市櫃公司，想要徹底了解每一家的營業和獲利狀況是很困難的。所以我只投資自己有興趣的產業，並透過頻繁交易，練習和熟悉投資的手感。

當你了解事情的真偽，才能有最佳的判斷。投資理財也是一樣的道理，你要了解如何做，才能從中獲取利益。

2. 從小筆交易開始練習

多數上班族的薪資成長性是低的，除非能成功轉職，爭取超過二〇％到三〇％加薪，否則以現在一年定存利息不到一％的情況下，勢必得靠投資理財，賺取第二份收入。

剛開始投資股票的新手，看到股價上漲或帳戶裡的錢瞬間增加時，就會開始幻想自己未來可以持續獲利。相反地，當股價下跌或賠錢時，就會懊惱、後悔，產生挫折感。倘若你抱著焦急的心態，想要賺回本金，通常會做出不明智的抉擇。當你的雙眼被焦急與恐懼遮住時，將無法看清市場的變化。

其實，股價上漲或下跌是很正常的現象，就像人生的高低起伏。投資新手要習慣這種變動性，才能享受獲利帶來的喜悅。因此，建議一開始先用小錢投資，讓自己熟悉這種變動性。

練功的同時，也要透過小額資金操作、練習手感，並累積自己投資的戰鬥實力。雖然練功過程難免遭遇瓶頸，但我經常鼓勵自己及年輕人持之以恆，做下去就對了。

只要每天做同一件事，做久了就會養成習慣，就像我每天早上六點半起床，投資也是一樣：日久成習慣，習慣成自然。因此，年輕人遇到困難，別擔心害怕，賺錢要持之以恆，只要看到投資結果是正報酬或帳戶有錢入袋，內心就會受到鼓舞，這時就有動力繼續堅持下去。

當然，想獲利之前，你必須先累積第一桶金，不論是三十萬到五十萬元都可以，有本錢才能進行投資。至於該如何存到第一桶金？我的建議是採用「目標投資法」。

目標投資法是先設定一個目標，例如我每個月要賺兩萬元，等於一週要賺五千元，你就要利用手中的本金，算出每週必須達成的報酬率。如果預設可達成的報酬率為五％，表示你必須先存有約十萬的本金，這樣才能達成每週賺取五千元的獲利目標。存十萬元，對普通上班族應該不是一件難事，所以想週週賺五千元並非不可能。

投資最重要的是紀律，因此設停利、停損點是必要的，只要達到滿足點立刻賣出，切勿貪心；萬一下跌到停損點，也要果斷賣出，留得青山在，以後才有柴可燒。然後，把賺得的報酬，存入同一帳戶繼續投資，若非必要，絕不動用帳戶裡的資金。這樣你才能利用錢滾錢，擴大本金，創造更多財富。

從小額資金開始操作，錢少一樣可以幫你滾出一桶金。只要方向正確，繼續往前走，這種堅持就是自律的體現。將練功和自律變成習慣，收穫自然水到渠成。

3. 保有本金很重要

許多投資新手的心很大，一開始就想投入一大筆資金，於是利用融資或借貸進行投資。但從風險角度考量，最好是由「小本金」開始練習。正如運動健身，如果一開始就執行自己無法負荷的訓練，會因為肌肉不夠堅強而受傷。

薪資是你的職場價值，讓你能夠維持日常生計。雖然想要快速存到投資本金很困難，但請別輕易放棄，特別是進入社會後的第一個十年，是最重要的儲蓄黃金期。投資獲利與本金多寡雖有關聯性，但只要堅守正確的投資心態，讓本金能持續產生正報酬即可。

投資績效就像職涯發展一樣，必須透過學習與實戰經驗累積達成。只要學會以上三大投資心法，蹲好基本馬步，你就能提升賺錢的能力。

改變 22

想賺大錢靠的是方法，第一要選對理財工具

人非得要投資理財嗎？不一定，但如果你想成為有錢人，想有效累積財富，達成提前退休或財富自由的目標，投資是絕對必要的。投資理財前，你一定要先了解市場上有哪些投資理財工具，並選擇適合自己的方法。許多人因為對投資缺乏正確的觀念和心態，加上使用錯誤的方法，導致虧損連連，賠了夫人又折兵，從此就遠離投資理財，真的很可惜！

投資不等於投機。投資是一門專業的學問，需要投入大量時間研究，並實際操作，學習箇中技巧。坊間投資工具，雖然多到令人眼花撩亂，但萬變不離其宗，只要擁有正確的心態，不斷地學習，投資可以改變你的人生。因此，你應該聚焦於如

何投資理財，而非該不該投資。

目前，最常見的投資工具，包括股票、基金、指數型基金（Exchange Traded Fund，簡稱ETF）、債券、黃金、期貨等；積極型金融商品還有組合式定存、認購權證等。到底該如何選擇適合自己的投資工具呢？

第一步：了解適合自己的投資方法

1. 定期定額

假如你是社會新鮮人，剛進入職場，月領25K，口袋裡可投資的資金應該不多。但千萬別氣餒，還記得股神巴菲特的「複利滾雪球法則」嗎？先做一顆小雪球，每月強迫自己提存三千元到定期定額投資帳戶裡，找到一項具備穩定年化投資報酬率（約四%到六%）的投資工具，然後透過長時間的複利加乘效果。十年後，你就可以累積人生第一桶金。

2. 單筆投資

如果你已經養成定期投資的習慣，年終有一筆獎金入袋，這時可選擇用單筆一次性投資。或者你已累積幾年的投資經驗，也可以根據市場變化，選擇用單筆投資方式賺取價差。單筆投資最適合危機入市，每次資本市場大崩跌時，正是財富重新分配的最佳時機，這時你只要逆向思考，就能贏得先機。

第二步：學習投資工具的種類和風險屬性

以下簡單介紹個人投資者較適合的投資工具，了解這些工具後，才能自我評估最適合者。

1. 股票

擁有一張股票，代表你是這家公司的其中一位股東。未來公司獲利時，你可以參與領股利股息。股票市場為提供投資人買賣股票的公開場所，投資人可透過公開資訊和價格進行交易。現今許多證券商都提供方便使用的APP，讓投資人能利用智慧型手機，在線上買賣上市櫃股票。

切記，股價會隨著企業經營成效、產業展望、公司治理等因素，產生較大的波動，屬於風險性較高的投資工具。**如果你本身對於上市櫃公司的經營狀況不熟悉，且無股票投資經驗，我不建議從事股票投資。**

2. 基金

基金是由基金經理人集中管理投資，由於集合較大的資金規模，可進行的操作標的或方式都更有彈性，所以有機會創造較佳的投資報酬。投資基金有以下兩大優點和一個缺點：

- 節省研究與管理時間：如果你沒時間研究，投資基金等於是付錢聘僱專業經理人幫忙管理資金。
- 可投資更多的投資標的：基金的種類繁多，較容易接觸到各國股票、債券、原物料、房地產等，因標的多樣化，可降低投資風險。

● 投資基金的缺點，就是交易成本較高，**買基金必須繳付申購費、經理費及保管費等，所以不宜頻繁交易，適合較保守的長期投資人。**

3. 指數型基金

ETF是被動追蹤某一指數表現的共同基金，並在集中市場掛牌，就像一般股票交易，讓投資人可以買賣。基本上，ETF無須透過基金經理人的判斷投資，而是根據某一個指數規則買賣。舉例來說，有些ETF是根據市場市值規模大小來決定權重，自動買進一籃子股票。

這種操作方式減少了管理成本，使費用率得以大幅下降，但ETF績效並不比一般有基金經理人選股的基金差，而且ETF也不用申購和贖回手續。由於可投資一籃子的股票，加上股價是隨著大盤指數變化，風險相對較低，所以**ETF適合小資族用定期定額方式投入**。

4. 債券

債券是投資人將錢借給發行債券的企業或政府機構，以獲取固定收益率。傳統債券通常都有配息，債券期限越長（指借貸時間越長），配息金額通常也會更高。配息按固定期間（每季度、每半年或每年）支付，成為投資者的固定收入來源，因此債券又被稱為固定收益產品。

相較於股票市場的價格和股息的不確定性，保本保息的債券獲利相對穩定。**對於即將退休或已退休的投資者而言，優質債券是不錯的投資工具**，同時還可獲得一定的固定收益。

當然，每種投資都有風險，債券的風險就是債券發行人在財務上無法支付承諾的配息，或到期無法償還本金。當破產清算時，有擔保債權人會優先於無擔保債權人，先獲得債務償還；而債券持有人，通常是無擔保債權人。

5. 黃金

黃金的價值一直存在不少爭議。股神巴菲特曾形容黃金是「百無一用」，認為黃金沒有使用價值，而且與股票等金融資產相較，無法為投資人帶來較高報酬。通常，在經濟面臨危機或世界局勢動盪時，黃金的價格表現最好。相反地，一旦經濟和股市表現良好時，就別指望黃金能帶來亮眼的報酬。

投資實體黃金也很麻煩，不僅要找地方保存，想要變現時還得找人鑑定成色、純度等。因此，如果想投資黃金或其他貴金屬，大多會透過黃金存摺、黃金期貨等投資工具。**基本上，黃金投資人大多數是婆婆媽媽，或退休族群為主**。

6. 期貨

期貨是一種衍生性金融產品，買賣雙方透過簽訂合約，同意按指定的時間、價格與其他交易條件，交割指定數量的現貨。通常，期貨集中在期貨交易所，以標準化合約進行買賣。參與期貨交易者，套利者會透過買賣期貨，鎖定利潤與成本，降低時間帶來的價格波動風險；投機者則透過期貨交易承擔更多風險，伺機在價格波動中牟取利潤。

期貨是一項非常專業的投資工具，許多投資小白為了能夠短期獲利，大量運用槓桿操作，只要一不小心就可能傾家蕩產。除非投資人具備相關專業知識，並相當熟稔買賣操作方式，以及時間所帶來的價格風險。因此建議年輕人千萬別把辛苦賺來的錢，貿然投入期貨市場。

7. 認購權證

認購權證是一項較新的投資產品，由證券商所發行，約定持有人在規定期間內或特定到期日，有權利按約定價格向發行人購買或出售標的證券，或以現金結算方式收取結算差價的有價證券。認購證和認售證的持有人，分別有權以行使價格在特定期限內，購買和出售相關標的。

權證和期貨類似，也是一種複雜度高，可以運用以小搏大的投資工具。其中，牽涉到權利金、行使比例、實際槓桿及最後交易日等，也不建議一般民眾作為投資的選項。

改變 23

除非你是百米健將，否則絕不跑短線當沖

全民瘋台股風潮再起，不但助攻台股站穩「萬七」大關，寫下新紀錄，成交量更是天天突破四、五千億元。台股單日成交金額居高不下，主要原因就是短線交易盛行，導致當沖金額屢創新高，再加上三十歲以下年輕人開戶數不斷增加，代表台灣股市正在發生結構性變化，而年輕投資人正是助長這波台股成長的關鍵動能。

當沖交易，永遠賺少賠多

根據金管會統計，二〇二〇年台股證券戶新開戶數，高達一百四十八・八九

萬戶，較二〇一九年的八十五．七六萬戶，大幅增加六十三．一二萬戶，增幅七十三．五九％。其中，二十至二十九歲佔三十二％最多，三十至三十九歲佔二十八％次之，四十至四十九歲佔十七％，六十一歲以上佔七％，顯示年輕人不斷投入股市，熱衷於股票投資。

這也難怪，近來只要打開PTT、Dcard等網路平台，甚至在咖啡廳，都可見到年輕人熱烈討論股市投資，其中又以短線操作的「當沖」最盛行。年輕人因為本金少，又渴望快速獲利，所以熱衷融資，但更愛當沖交易。**在這必須提醒，當沖真的很危險。即使是專業基金經理人，都很難靠短期操作賺大錢，遑論一般散戶。**基本上，在股市中短線操作就像是在賭博，仰賴的多半是運氣，而非基本面或技術面分析。

小黛過去從事金融業，買賣股票是稀鬆平常的事。以前，我也常聽信明牌，不太研究公司基本面和技術面。一聽到別人放出的消息，就與同事和朋友聚集熱烈討論，但對於股票投資的道理，其實也僅限於表面認識，而非深究。當然，最後通常是賺少賠多，根本沒賺到錢。

過去一年多以來，台股量價俱揚，大家都想賺快錢，年輕的股市小白很敢衝，即使不了解股票，也下場買股票，有些投資新手還會加入股友社，希望能免費獲得個股操作手法。但事實上，這些 Facebook 及 Line 的股友社群組，通常都是有特別目的，有的冒名代客操作，亂報明牌；有的與股市炒手聯合，專門放假消息，炒作股票。

曾有年輕學員跟我說：「富人都是靠槓桿成就自己。」我發現，許多年輕人不懂資金槓桿的原理，也誤會了槓桿的好處和操作方式。槓桿投資是以小搏大，雖然資金槓桿是乘數效果，但這種乘數效果是雙向的。當運用借貸的資金獲利等於或高於預期時，投資報酬將是加乘；反之，當獲利低於預期或發生虧損時，不但投資心血一夕間化為烏有，還可能背上龐大負債。

以融資買進為例，投資人向券商借錢購買股票並支付利息，假設借貸的一千萬元，因股價下跌，縮減至五百萬元，投資人將遭到券商發出融資追繳令，一旦籌不出錢補足，就會被斷頭出場，演變成違約交割事件。

槓桿操作屬於信用交易，在「信用至上」的金融業裡，發生違約交割，等於信用破產。這樣的紀錄會跟著你一輩子，未來若想申辦信用卡、開戶，甚至是辦理房貸、車貸都會遇到困難。券商也恐怕不敢再和有違約紀錄的人交易，等於以後很難再用自己的名義買賣股票。

小額、分批投資才能穩穩賺

很多人希望以小搏大，靠當沖致富，但聽說很多人沖了兩、三個月就輸光了。投資小白玩當沖、短線操作，絕對贏不過法人、主力大戶，因為他們的資金規模龐大，可在盤中用大量資金瞬間拉抬特定股票，一下拉漲停，或一下放空到跌停。

年輕人進場時，若想要穩穩地賺，需要一步步研究各種股票專業知識，例如本益比（PE）、每股稅後盈餘（EPS）、資產報酬率（ROA）及股東權益報酬（ROE）等。同時了解適合自己的投資方式。如果每月收入只有三、四萬元，一開始投資時，就適合選擇每月定期定額，或長期被動投資股票，至少熬個五年到十年，以「放長線」享受複利成果。

除了將時間軸拉長外，建議年輕人一開始先用小額操作，加上培養「有紀律」的投資策略，才能避免心情每天隨著股市上下波動。回到股市老生常談的一句話：「千萬別借錢投資，切忌短線進出」，而是要穩健投資，順應大盤漲勢，才能成為最終贏家。

改變 24

抓住「危機入市」，才有機會快速創造財富

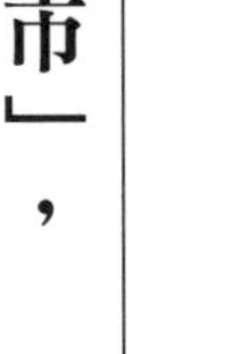

謹記「別人恐懼我貪婪」

一九二〇年代，美國甘迺迪政治家族的約瑟夫・派屈克・甘迺迪（Joseph Patrick Joe Kennedy, Sr.），某天在路邊擦鞋時，擦鞋童跟他聊起了「股市」這件事。當天回去後，老甘迺迪立刻出清手上所有的股票。很多人問他：「股市行情這麼好，你為什麼急著出清股票呢？」他僅回答：「連什麼都不懂的擦鞋童，都在談論股市行情，代表股市已經過熱。」

果不其然，一九二九年股市嚴重泡沫化，美國股票崩跌，老甘迺迪此舉讓他順

利逃過那場華爾街股災。股神巴菲特也曾說過：「別人貪婪時恐懼，別人恐懼時貪婪。」這句話的含意與「擦鞋童理論」類似。當你身邊所有不懂股票、也不曾接觸過股票的朋友、同事、家人，紛紛告訴你哪一檔股票很好賺時，你真的要戒慎恐懼了。這代表大家對於股市已經太過於樂觀，甚至很可能把股市當作一個賭場，以為在股市中隨便挑一檔都很容易賺大錢。

這種以為隨便投資就能隨便賺的心理，通常就是股市嚴重泡沫化的前兆，有些專業投資人還會運用心理戰術，設下圈套，讓股市新手往裡跳。如果你也跟著人云亦云，將很難在股市賺到錢。因此，當所有人都說 Yes 時，你要學會說 No。只有具備不同的觀點，才能掌握錢潮。

從十九世紀初至今，全球曾出現過五、六次股市大崩盤，包括一九二九年華爾街股災、一九八七年美國股市閃崩、一九九〇年日本股災、二〇〇〇年網路泡沫化、二〇〇八年金融海嘯等等。其中，跌幅最深的一次將近有九成，許多人的財富在一夕之間化為烏有。

如果你在二〇〇〇年網路泡沫化、二〇〇八年金融海嘯，或二〇二〇年全球新冠肺炎疫情大爆發時，利用「危機入市」大膽搶進投資，你的獲利早已倍數成長。歷史股災重複地上演，但人很容易因為投機的羊群效應，再次把股市推得高高的，導致股價與實際價值偏離過大，造成股市崩盤。

熟悉金融歷史，就能從容面對股價波動

有人說，這些金融危機之所以不斷地重演，是因為人們總是會忘記它們可能發生過。如今，在華爾街工作的人，幾乎沒有人記得一九八七年的美國股災。國內年輕的投資小白，恐怕也鮮少有人聽過一九九〇年台股，曾經從一萬兩千多點崩跌至二千多點的泡沫化情形。

對於重大股災，大多數投資人都聞之色變。可是，當你試著把時間拉長，大約二十年至四十年不等，再觀察股市時，其實不難發現牛市存在的時間，往往比熊市來得久，而且漲幅也相對高出很多。

沒有人可以準確預測股災的來臨，也無法預測股市最低點。但我們多讀一些金

融歷史，就能從歷史股災中學習教訓。如果有壞事準備降臨，你才能盡早發現並保護自己。價值投資者最愛在股災來臨時，用合理價格買入許多好企業的股票，並長期持有。

因此，面對股災時，不要太過於恐懼。畢竟，股災來臨時，才是以便宜價格大量買進好公司股票的好時機。只要平時做好資金控管，並熟知各大股災發生的始末，學會如何危機入市，在股市低點加碼，就能讓自己的財富翻倍！

改變 25

小黛給新手的 5 大投資心法

越早進行投資理財，你能累積的獲利就會更多。最重要的是，你必須遵守紀律，學習大師們的致勝心法。針對投資新手們，小黛根據自己的經驗，在此提出五個投資心法，供大家參考。

1. 定期定額分批買進

以時間換取空間，金錢價值會因通膨而縮水，但可以運用「時間加上複利」效果，幫助你滾出更多的金錢。小資族最適合每月固定投入五千元至一萬元，選擇績優標的，享受利滾利、錢滾錢的好處。

2. 可選擇買零股

雖然買不起某一檔高價績優股，但小資族現在可以透過零股方式存股，好處是買得起又能參與企業的成長獲利。例如，每月買一百股，不到一年就可以存到一張股票。依此類推，越買越多，荷包裡的錢就會越來越飽滿。

3. 避免融資交易

只要是借貸來的錢，你的內心就會備感壓力。個人利用融資買股票，和企業運用貸款來擴展商機，是兩碼子的事，千萬不要混為一談。因為融資可能會被催繳，到最後被斷頭，這樣的例子屢見不鮮。聰明的小資族，千萬別讓自己陷於痛苦的深淵中。

4. 嚴守「買低賣高」原則

當股市下跌時，許多人都會問小黛：「我到底該不該賣股票？」我一定先問：「你現在有急需要用錢嗎？」如果沒有，就請稍安勿躁。投資大師巴菲特曾說過：

「不管我們是買襪子，還是買股票，我都喜歡在大特賣時買入優質商品。」只要投資對的標的，低點就是承接的好時機，你可以再用更低的價格買到相同的股數。真正致富的人就是能嚴守「買低賣高」的紀律。

5. 選擇高成長和前景佳的產業

人往高處爬，水往低處流。這是亙古不變的道理。一家績優企業的老闆會思考如何擴展商機、發展新事業，為公司帶進更好的利潤。只要獲利源源不絕，就能提供員工更優渥的薪資福利，也才能固定發放股利股息給股東。所以，身為一位聰明的投資人，一定要選擇一至三年內具備高成長性的產業，例如電動車、人工智慧（AI）、5G、智慧科技等。

操作才能累積經驗，投資理財永遠不嫌晚

最後要提醒各位，許多市場情報的價值並不高，而且上班族能取得的資訊，大

都屬於「很多人都已經知道的情報」。所以若聽信市場消息，很容易發生一買就跌、一賣就漲的情況。現在是資訊發達的時代，訊息來源太混雜，不論是透過電視、廣播、Youtube、或是 Podcast，每天都會聽到自稱是專家的素人，高談闊論投資的大道理。

每個人的投資和風險屬性不同，只有透過實際操作，才能內化成自己的經驗。國際金融大亨喬治・索羅斯（George Soros）曾說過：「判斷對錯並不重要，重要的在於正確時獲取最大的利潤，錯誤時能夠虧損最少。」

因此，小資族千萬別再打聽小道消息。上班族散戶必須學會從成交量、線圖等資訊中，找出好的買賣點，這樣才能真正賺到錢。股票市場永遠都在，投資理財永遠都不嫌晚。投資前先存有一桶金，做好風險評估，選擇好的、適合的投資標的，穩定的獲利就能唾手可得。

改變 26

做個斜槓青年，給自己第二份收入的機會

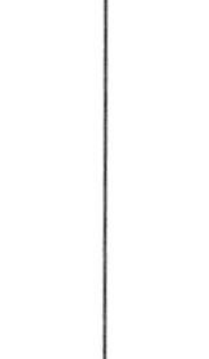

現今年輕人的工作思維，與五、六年級生已大不同。來參加小黛課程的學員，近兩成都是自營商，因為資源少，所以選擇的創業項目，大多是門檻較低的行業，像是開咖啡廳、網路商店、個人工作室等。通常，這些行業競爭性非常高，創業失敗的機率高達九成以上。當我問他們是否感到害怕，得到的回應幾乎都是：「當然會，但不想受僱於別人，也想給自己一個機會闖闖看。」

根據《二〇二〇年中小企業白皮書》資料顯示，二〇一九年台灣中小企業約一百五十萬家，佔全體企業九十七％，較二〇一八年增加一・七％；中小企業就業人數達九百〇五萬人，佔全國就業人數七十八％，較二〇一八年增加一％。兩者皆

創下近年來最高紀錄，顯示中小企業為穩定經濟及創造就業的重要基石。值得注意的是，新設中小企業（成立未滿一年）銷售額為兩千〇七十六億元，較二〇一八年增加十五．八％。同時，中小企業平均月收入略增，其中以專業科學及技術服務業的平均月收入增加最多。

集資創業，有效降低風險

是否有聽過「跟著蜜蜂找花朵，跟著蒼蠅找廁所？」我身邊有太多朋友曾經自行創業，幾乎都是失敗收場，能夠存活下來者，大多是因為團隊營運能力夠強，並即時取得額外的銀彈支援。否則，要熬過前兩年冶煉期，非常不容易。

在探討「創業」是否為一條康莊大道之前，我想先談一下最近備受矚目的美國健身新創公司派樂騰（Peloton）的創辦人約翰．佛利（John Foley）。

他出身於普通家庭，求學時期靠著半工半讀完成學業。他的第一份工作是在網路公司當工程師，這份工作幫助他進入哈佛商學院深造。很不巧，佛利於二〇〇一年畢業時，美國金融危機尚未結束。後來佛利加入當時美國最大連鎖書店巴諾（Barnes & Noble），當時他們主要競爭對手是亞馬遜書店（Amazon）。可惜，巴諾書店推出的電子書閱讀器NooK不敵Amazon Kindle的優勢，很快就敗陣下來。

當時年屆四十歲的佛利經常利用時間，閱讀商業書籍，每天都關注新創公司的新聞。Nook的失敗經驗，啟發他跨出創業第一步。佛利與妻子都熱愛健身，卻經常預約不到搶手的課程。於是，他開始思考如何將電子書的商業模式，套用在健身領域，讓預約不到搶手課程的人也能順利上課。這時他有了創業想法，想透過硬體結合軟體，讓用戶可以不受時間、空間限制，在家體驗健身的樂趣。

但現實情況是，佛利並不了解健身行業，也不太懂網際網路軟體技術的開發。更重要的是，他已經四十多歲，缺乏足夠資金，看來這時創業並非人生階段的「正確」選擇。但我們都知道，想創業的人都會設法說服自己，市場規模夠大且還會越來越大。二〇一二年，佛利決定離職自行創業，很幸運地他賭對了。朋友和前同事都願意放棄工作，和他一起創業。

但佛利中年創業並非順風順水，創業資金也是他和朋友一起籌措，後來有其他投資人加入，他們才得以度過最艱難的創業前三年。公司成立之初，競爭對手幾乎都在做社交網絡和APP開發，但佛利選擇軟體（線上直播）配合硬體（健身腳踏車），加上媒體內容做區隔。

執行力超強的創始團隊透過專業分工、策略聯盟方式，擘畫出屬於 Peloton 的公司願景，並吸引百位個人投資人支持。天助自助者，二〇二〇年新冠疫情意外讓 Peloton 享受到「在家健身的紅利」，公司全年營收將近十八億美元，讓 Peloton 成為美國股市超級公司之一。

創業成功的關鍵：擁有信念一致的同好

仔細分析 Peloton 成功的關鍵因素，可從三方面來探討佛利如何將自己的健身需求，轉換成獨角獸事業。

1. 經驗

創新工場董事長兼執行長李開復，在《李開復給青年的十二封信》中曾提到這麼一段話，他說許多大學生都錯誤地認為，只要有個好的點子，能拿到投資，再加上執著、熱情、運氣，就能成為下一個比爾蓋茲或馬克·祖克柏。於是，他們都想著：「畢業後我就要開始自己的創業之路。」但是，他們過度樂觀了，大部分的創業失敗不是因為點子不好，而是因為欠缺經驗，沒有團隊，缺乏執行力——歸根到底，累積經驗比好點子更重要。

佛利年輕時，就半工半讀完成學業。擁有工程背景的他，在大型企業中學習、累積失敗和成功的實務經驗。此外，在日常生活中他會關注創業及新創公司訊息。這些經驗都能幫助他在創業時，擬定出可行性高的策略和企畫案，吸引投資人。

2. 團隊

蘋果前執行長賈伯斯在大學時選擇輟學，在家創業，但他曾說過：「創業的成功關鍵在於團隊，尤其是創業者是否能找到五到十位聰明、勤奮、彼此能夠互補的團隊。」但通常一個沒有經驗的創業者，無法吸引這樣的人才加入。

幸好佛利並非一人孤軍奮戰，他找了幾位好友一起創業，包括營運長湯姆・科提斯（Tom Cortese），具商業背景；技術長馮勇尼（Yony Feng），具 IT 背景；以及法務長庫什久雄（Hisao Kushi），具法律背景。擁有實務工作經驗的團隊，除了能發揮集思廣益的效應，也較能獲取投資人的青睞。

3. 執行力

曾有位學生問特斯拉（Tesla）創辦人暨執行長伊隆・馬斯克，有何創業訣竅可以分享給創業年輕人。馬斯克樂觀地說：「打破限制，就去做。」但他同時也提醒年輕人，創業不僅辛苦，還很痛苦，除非已經有很好的點子，而且能有毅力實現它，否則就不該躁進。賈伯斯也曾說：「在創業期間，你的執行力比點子更重要。你要從錯誤中學習，堅持並追求完美。」

先前提到的 Peloton 團隊成員，除了有實務經驗外，更具備商業執行力。公司採取專業分工策略，透過台灣代工廠製造硬體，並結合軟體，更在二〇一九年九月於美國那斯達克掛牌上市後，直接併購台灣合作廠商，以確保競爭優勢。天時、地利、人和，讓這隻「矽谷獨角獸」的線上用戶高達一百四十萬人，預期這波「在家運動」風潮，將持續帶動Peloton業務成長。

創業、上班族或打工，都是你的選擇

創業的風險並非一般人所能承受，每天二十四小時，全年無休，財務壓力更常是壓垮駱駝的最後一隻稻草。反觀，公司付薪水聘用你，希望你對公司業務發展有所貢獻；同時你也在學習、累積實務經驗，還能拓展工作人脈，這對於日後有創業夢的你是有利的。

如果可以找到一家前景看好的企業，跟對老闆認真工作，奮鬥三到五年，也許還可以升上小主管，享有不錯的薪資福利。所以如果你喜歡穩定且規律的工作，就適合在企業裡深耕。而打工的好處是，看到苗頭不對，可隨時跳車或轉職。

不論是產業、科技或社會發展，都需要創新能力，尤其在台灣有超過九成的企業都是白手起家。但並非每個人都有能力和創業勇氣，現實環境中，有許多創業主都是因中年失業，或是碰到人生波折，而被迫創業。所以他們只能用「只許成功、不許失敗」的拚命精神，克服萬難成就事業。

前文提到的愛娜，原本在知名網路平台擔任美妝編輯，因公司組織重組，她選擇離職。經過仔細評估後，她決定成立工作室。除了銷售熟悉的美妝產品外，她還推出近年來受歡迎的紋繡服務，因客源穩定，如今年薪已突破百萬元。

如果你懷抱夢想，希望打造自己的事業，請一定要先「誠實地自我評估」。沒有人是天生的創業家，許多白手起家的勵志故事都清楚說明，先要有一個「清晰的願景和目標」以及「打不死的熱情」；接著盤點你有什麼過人之處，是否有現成的人脈資源可運用；再來你要能號召同好，一起拉起創業大旗，努力往事業目標邁進。

結語
沒有一路順遂的人生，能走到最後的才是贏家

每到一座城市，我會習慣性找尋當地最高的大樓或鐵塔，登高遠眺整座城市。從以前紐約的世貿大樓、帝國大廈，到法國艾菲爾鐵塔、杜拜哈里發塔、馬來西亞雙子大樓、東京晴空塔、上海環球金融中心等。直到二〇一九年，我才站上台北一〇一觀景台，細細品味這座我住了超過五十載的台北城。

當你從制高點由上往下看，就能體會所謂的「人在高處不勝寒」道理。整個視野一覽無遺，你可以看到三百六十度全景，整座城市被你踩在腳下。正因如此，富人買房時，一定要挑選頂樓大房，還要有視野絕佳的戶外露台，享受居高臨下的感覺。

用知識和智慧，讓你登高望遠

雖然你我買不起頂樓房，但我們可以從現在開始急起直追。一旦我們提升自己的能力、知識水準，就更能掌握金錢的運作方式；只要我們願意學習富人的致富思維，就能少走好多步冤枉路。

早年，有機會讀過《塔木德：猶太人的致富聖經》，裡面講述許多猶太人的致富秘訣，其中有一個章節提到：賺錢靠的是智慧，而非學歷。這個論點顛覆了我們從小一直被灌輸「文憑至上」的觀念。的確，學校教導了基本生活常識、專業技能，卻沒有人告訴我們，該如何成為一位成功富有的人。

不斷地學習，才是獲取知識的最佳途徑。受惠於網路科技的發達，現在的我們，只要有疑問或有想了解的人事物，都能先上網問問谷哥大神。有時間聽聽名人的成功歷程、發跡故事，養成固定閱讀財經書籍、理財雜誌的習慣，日積月累下，就能增進相關專業知識。

即便很窮，也要站在富人堆裡

常言道：「近朱者赤，近墨者黑。」你選擇和什麼樣的人在一起，就會變成什麼樣的人。再窮也要裝得體面，這是一種心理反應。有些人會因為出身貧窮，變得沒自信，講話很小聲，做起事來更是畏畏縮縮。財富，確實會增加一個人的底氣，但現代社會氛圍已經大不同。出身貴賤與將來是否能夠功成名就，並無直接關聯。

已故文學家錢鍾書的夫人，也是中國知名女作家兼翻譯家楊絳曾提到：「越是難熬時候，人越要體面，在這物慾橫流的人世間，做人實在夠苦；成年人的世界裡沒有『容易』二字，每個人都有自己的難處。與其被生活狼狽碾過，不如活得體面些。」因此，只要外表保持光鮮整潔，談吐莊重不失禮，即使存摺裡的數字少很多個零，也不會顯出你的窮，也就是說我們要創造富人體質。

什麼是富人體質？

微軟創始人比爾蓋茲、臉書創辦人兼執行長祖克伯，或是台積電創辦人張忠謀，大立光執行長林恩平，在他們身上看不到金光閃閃、財大氣粗；他們講話條理分明，散發出博學多聞的氣息；他們關心弱勢族群，了解時代脈動，並前瞻未來。

日本知名作家暨早稻田大學教授井上達彥，在他的《創新第一課》書中提到，模仿就是一種學習，模仿就是創新的第一步。但模仿不能一昧地抄襲、照本宣科，而是從優秀的對象中獲取靈感，並內化成自己的想法。

我想你也曾是位追星族吧！只要是喜愛的明星用過的手機、吃過的甜點、去過的餐廳或好玩景點，你都會想要追隨。我個人非常欣賞奧黛莉・赫本（Audrey Hepburn）的氣質與談吐，無形中就會以她為標竿，要求自己身材體態要保持纖細，走路要輕盈，說話聲調要輕柔甜美。

透過斷捨離，增值自己的人生價值

狠心戒除讓我們陷入貧窮的消費習慣，改變「只是想要」的生活態度。要把自己當作一塊海綿，學習巴菲特的消費和投資習慣，不論是購買日常用品或是選擇投資標的，只有在促銷和低價時進場；或向已故前蘋果執行長賈伯斯看齊，追求完美的勇氣，凡事不妥協、不追逐潮流，創造自己想要的人生價值。你可以在職場上或是在家人、朋友中，試著找一位成功人士，作為你的學習榜樣。

最後，小黛再次和你分享：「太順遂的日子，只會顯出你的平凡，有時更會陷你於不知所措的困境裡；相反地，高低起伏的人生，才能讓你享受乘風破浪的快感」。讓自己成為一位有故事，能夠激勵人心的成功典範，你就是一位富足富有的人。

NOTE

NOTE

國家圖書館出版品預行編目（CIP）資料

每天1改變，做到致富的原子習慣：不甘願當社畜領死薪水，你也可以用細節讓自己成功！／王淑華（小黛）著. -- 新北市：大樂文化有限公司，2021.12
208面；14.8×21公分. --（Money；050）
ISBN 978-986-5564-69-8（平裝）
1. 理財　2. 財富　3. 成功法
563　110019931

MONEY 050

每天1改變，做到致富的原子習慣

不甘願當社畜領死薪水，你也可以用細節讓自己成功！

作　　者／王淑華（小黛）
封面設計／蕭壽佳
內頁排版／江慧雯
責任編輯／林育如
主　　編／皮海屏
發行專員／鄭羽希
財務經理／陳碧蘭
發行經理／高世權、呂和儒
總編輯、總經理／蔡連壽
出 版 者／大樂文化有限公司（優渥誌）
　　地址：220新北市板橋區文化路一段268號18樓之一
　　電話：（02）2258-3656
　　傳真：（02）2258-3660
詢問購書相關資訊請洽：2258-3656
郵政劃撥帳號／50211045　戶名／大樂文化有限公司

香港發行／豐達出版發行有限公司
地址：香港柴灣永泰道70號柴灣工業城2期1805室
電話：852-2172 6513　傳真：852-2172 4355

法律顧問／第一國際法律事務所余淑杏律師
印　　刷／韋懋實業有限公司

出版日期／2021年12月20日
定　　價／280元（缺頁或損毀的書，請寄回更換）
I S B N　978-986-5564-69-8